Silvia Bächli

Dass eins zum andern wurde.

Welches welches ist?

Kunst Museum Winterthur

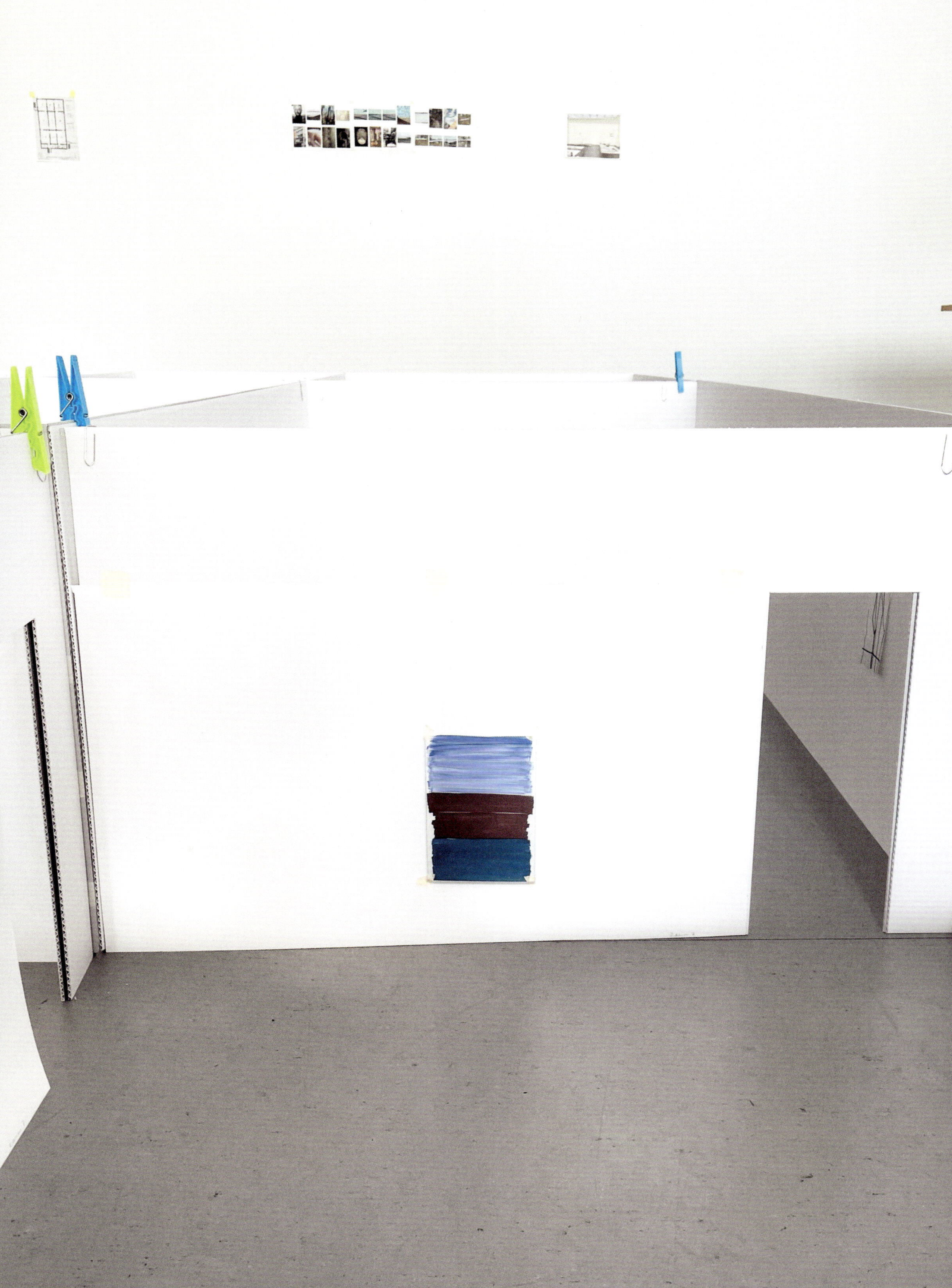

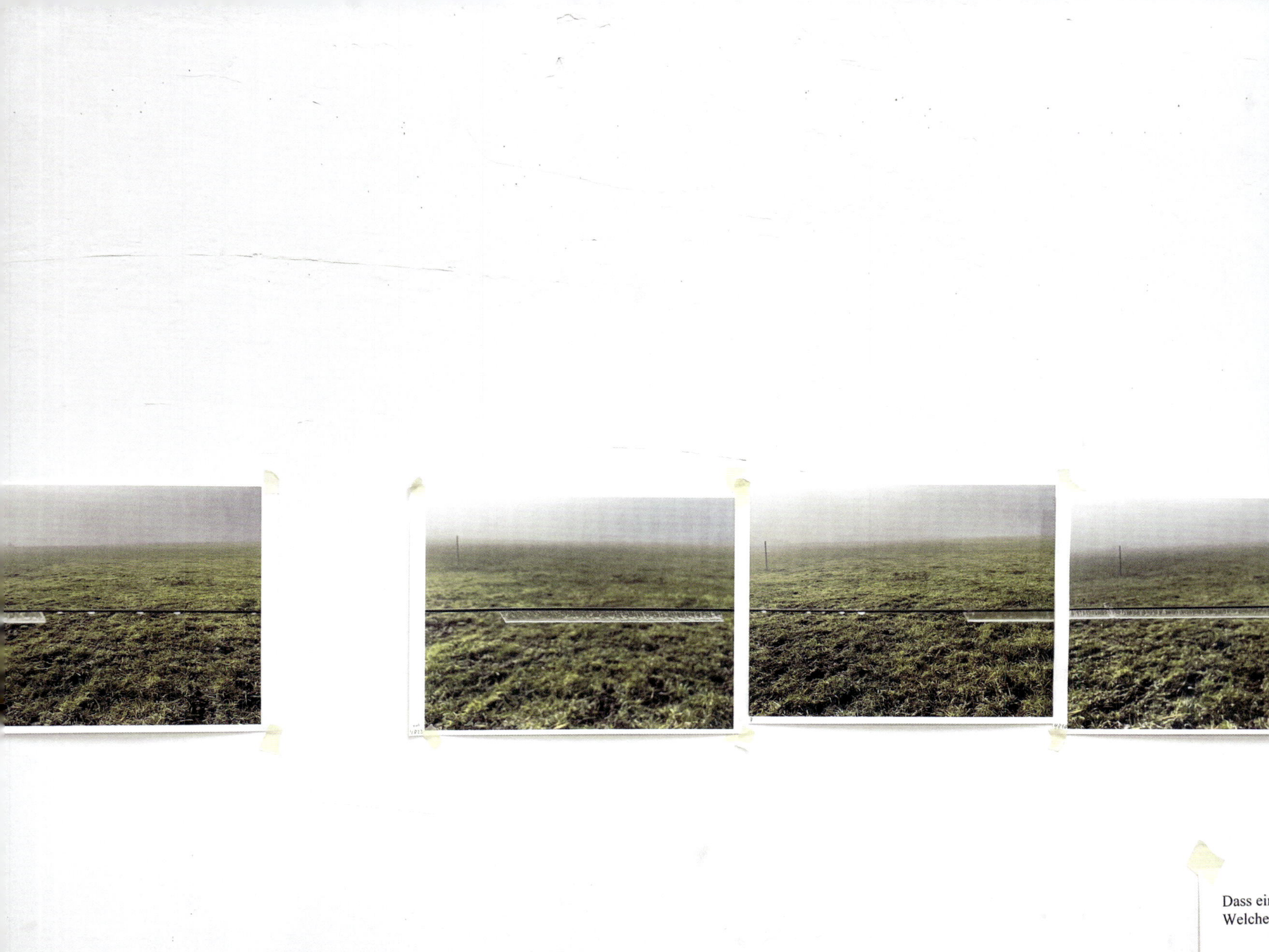
Dass ein
Welches

Elizabeth Bishop: Poem

About the size of an old-style dollar bill,
American or Canadian,
mostly the same whites, gray greens, and steel grays
—this little painting (a sketch for a larger one?)
has never earned any money in its life.
Useless and free, it has spent seventy years
as a minor family relic
handed along collaterally to owners
who looked at it sometimes, or didn't bother to.

It must be Nova Scotia; only there
does one see gabled wooden houses
painted that awful shade of brown.
The other houses, the bits that show, are white.
Elm trees, low hills, a thin church steeple
—that gray-blue wisp—or is it? In the foreground
a water meadow with some tiny cows,
two brushstrokes each, but confidently cows;
two minuscule white geese in the blue water,
back-to-back, feeding, and a slanting stick.
Up closer, a wild iris, white and yellow,
fresh-squiggled from the tube.
The air is fresh and cold; cold early spring
clear as gray glass; a half inch of blue sky
below the steel-gray storm clouds.
(They were the artist's specialty.)
A specklike bird is flying to the left.
Or is it a flyspeck looking like a bird?

Heavens, I recognize the place, I know it!
It's behind—I can almost remember the farmer's name.
His barn backed on that meadow. There it is,
titanium white, one dab. The hint of steeple,
filaments of brush-hairs, barely there,
must be the Presbyterian church.
Would that be Miss Gillespie's house?
Those particular geese and cows
are naturally before my time.

A sketch done in an hour, "in one breath,"
once taken from a trunk and handed over.
Would you like this? I'll probably never
have room to hang these things again.
Your Uncle George, no, mine, my Uncle George,
he'd be your great-uncle, left them all with Mother
when he went back to England.
You know, he was quite famous, an R.A. ...

I never knew him. We both knew this place,
apparently, this literal small backwater,
looked at it long enough to memorize it,
our years apart. How strange. And it's still loved,
or its memory is (it must have changed a lot).
Our visions coincided—"visions" is
too serious a word—our looks, two looks:
art "copying from life" and life itself,
life and the memory of it so compressed
they've turned into each other. Which is which?
Life and the memory of it cramped,
dim, on a piece of Bristol board,
dim, but how live, how touching in detail
—the little that we get for free,
the little of our earthly trust. Not much.
About the size of our abidance
along with theirs: the munching cows,
the iris, crisp and shivering, the water
still standing from spring freshets,
the yet-to-be-dismantled elms, the geese.

Elizabeth Bishop: Gedicht

Etwa so gross wie ein alter Dollarschein,
amerikanisch oder kanadisch,
nahezu dieselben Weisse, Graugrüns und Stahlgraus
– hat dieses kleine Gemälde (Entwurf für ein grösseres?)
sein Leben lang nie irgendein Geld verdient.
Nutzlos und unbehelligt verbrachte es siebzig Jahre
als wenig bedeutendes Familienandenken,
nebenher weitergereicht an Besitzer,
die es manchmal anschauten oder auch nicht.

Es muss Nova Scotia sein; nur dort
findet man hölzerne Giebelhäuser
in diesem schrecklichen Braunton gestrichen.
Die übrigen Häuser, was von ihnen sichtbar ist, sind weiss.
Ulmen, niedrige Hügel, ein dünner Kirchturm
– dieser graublaue Strich – oder nicht? Vorn
eine Uferwiese mit ein paar winzigen Kühen,
zwei Pinselstriche je, doch zweifelsohne Kühe;
zwei klitzekleine weisse Gänse auf dem blauen Wasser,
hintereinander, gründelnd, und ein schräger Stab.
Vorn eine Sumpfschwertlilie, weiss und gelb,
ein Schnörkel, frisch aus der Tube aufs Blatt.
Die Luft ist frisch und kalt; kalter junger Frühling,
klar wie graues Glas; ein Halbzoll blauer Himmel
unter den stahlgrauen Sturmwolken
(Spezialität des Künstlers).
Links fliegt ein kleiner Vogel, fast nur ein Fleck.
Oder Fliegendreck, der einem Vogel gleicht?

Himmel, ich erkenne diesen Ort, ich kenne ihn!
Er liegt hinter – fast weiss ich den Namen des Bauern.
Seine Scheune stand an dieser Wiese. Da ist sie,
Titanweiss, ein Tupfer. Der Hauch von Turm,
Pinselhaar-Fädchen, kaum sichtbar,
muss die Presbyterianer-Kirche sein.
Und das da Miss Gillespies Haus?
Jene Gänse und Kühe dort
sind natürlich vor meiner Zeit.

Eine Einstunden-Skizze, «in einem Zug» gemalt,
irgendwann aus einer Truhe gekramt und überreicht.
Möchtest du das? Ich werde wohl nie wieder
Platz haben, diese Sachen zu hängen.
Dein Onkel George, nein, meiner, mein Onkel George,
dein Grossonkel also, liess sie alle bei Mutter,
als er nach England zurückging.
Du kennst ihn, ziemlich berühmt, Royal Academy …

Ich habe ihn nie gekannt. Beide kannten wir diesen Ort,
wie es scheint, dieses im Wortsinn rückständige Nest,
sahen es lange genug, um es uns einzuprägen,
Jahre nacheinander. Verrückt. Und noch immer geliebt,
oder die Erinnerung daran (es wird sich sehr
verändert haben).
Unsere Visionen trafen sich – «Visionen» ist
zu abstrakt – unsere Blicke, zwei:
Kunst «nach dem Leben» und das Leben selbst,
das Leben und die Erinnerungen daran, so verdichtet,
dass eins zum andern wurde. Welches welches ist?
Das Leben und seine Erinnerungen, gedrängt,
dunkel auf einem Stück Karton,
dunkel, doch wie lebendig, berührend im Detail
– das bisschen, das für uns umsonst ist,
das bisschen, das auf Erden uns gehört. Nicht viel.
Etwa so gross wie unser Aufenthalt
mit ihnen: den mampfenden Kühen,
der Schwertlilie, frisch und bebend, dem Wasser,
stehend, noch von der Frühjahrsflut,
den noch zu fällenden Ulmen, den Gänsen.

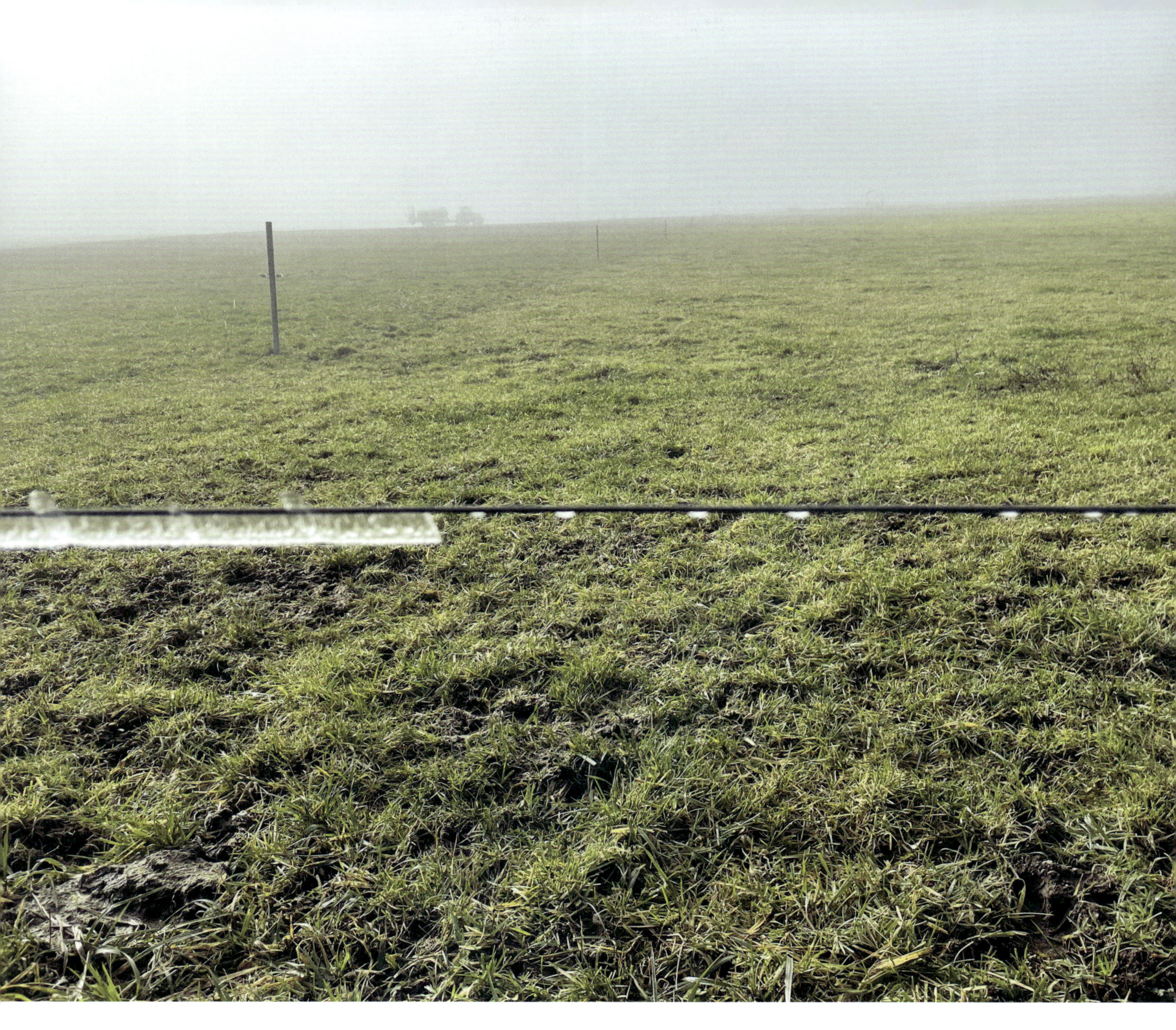

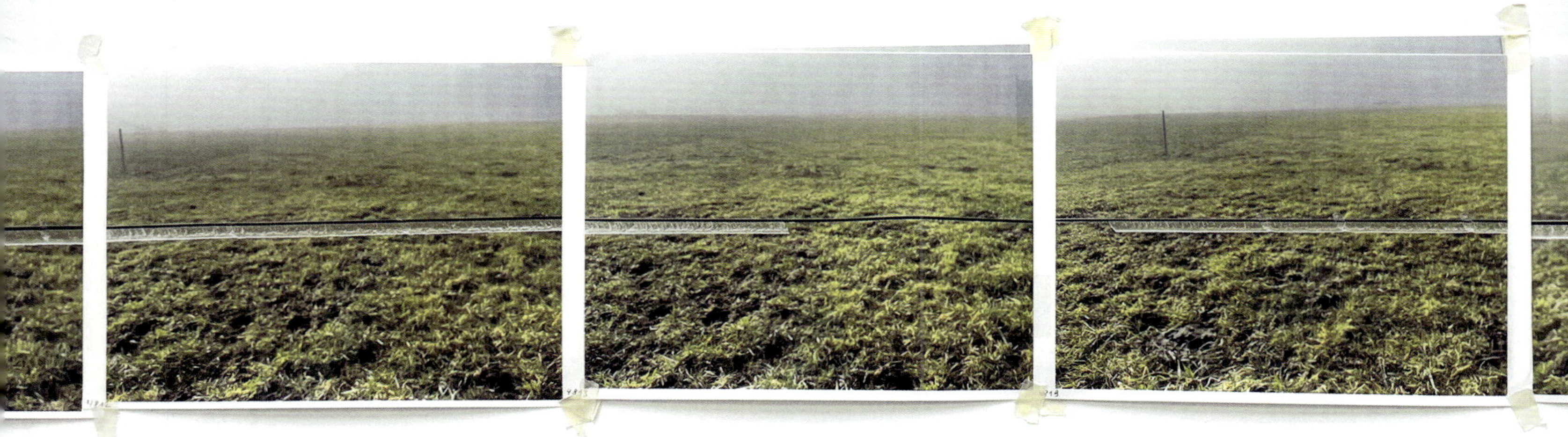

m andern wurde.
ches ist?

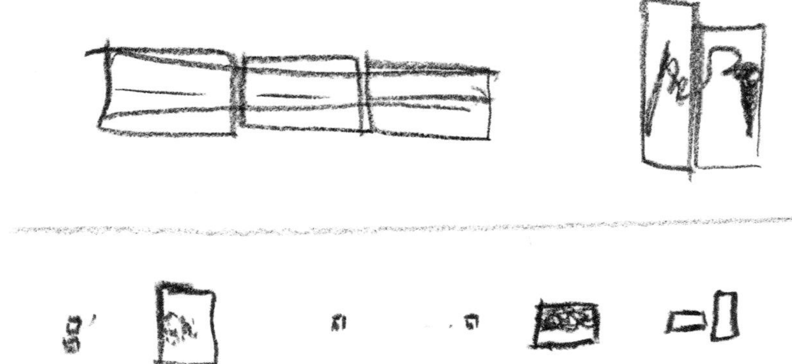

Konrad Bitterli: Anfangen

Zeichnen ist Neuland betreten und darin herumgehen. Raum schaffen und erkunden, mit den Rändern und gegen die Ränder des Papiers arbeiten.
Silvia Bächli

Wo anfangen? Die Erfahrung des Schreibens angesichts eines weissen Blatts Papier in einer Schreibmaschine – heute handelt es sich indes meist um einen Computerbildschirm – ist längst zum Topos der Kulturgeschichte geworden. Das lässt erahnen, was es für einen bildenden Künstler bedeutet, mit einem ebensolchen leeren Papier konfrontiert zu sein. Beim Schreiben geht es darum, Ideen in eine nachvollziehbare Folge zu bringen, d.h. eine Argumentation vorzutragen oder ein Narrativ zu entwickeln. Die Schreibmaschine bietet Halt, das Schreiben folgt dem Zeilenverlauf und gibt Linearität vor. Wie viel schwieriger muss es sein, als Kunstschaffende auf einem unberührten Papier zu beginnen: Wie setzt ein Strich an? In welche Richtung bewegt er sich fort? Wie verhält er sich? Folgt er der eigenen Linie oder weitet er sich zu einem Feld aus? Damit ist allerdings noch nichts entschieden, denn wie geht es nach dieser ersten Setzung weiter? Antwortet ein zweiter Strich darauf, ein dritter gar? Noch grundsätzlicher: Welche Werkstoffe sind zu verwenden? Welches Format weist das Papier auf? Abhängig von der Grösse kann im Sitzen oder Stehen gearbeitet werden – mit Folgen für die Ausdehnung der Zeichnung. Das sind nur wenige Fragen, die man sich als Künstlerin oder Künstler – wohl eher unbewusst – immer wieder zu stellen hat – ganz abgesehen von der finalen: Wie hört man auf? Wann gilt eine Zeichnung als vollendet? Vielleicht könnte es gar sein, dass diese Entscheidungen davon abhängen, wie man im Moment des Anfangens bzw. des Beendens gestimmt ist, wieviel Zeit man sich nehmen und mit welcher Konzentration man ans Werk gehen kann und, nicht zuletzt, welche Erfahrungen in den Schaffensprozess einfliessen.

«Eine Linie zu ziehen auf einer Oberfläche, welcher auch immer, heisst *jenes* Minimum an Sinn herstellen», merkte Jean-François Lyotard treffend an. Die Zeichnung sei wie kein anderes Medium von fundamentalem Charakter. Einen Strich zu ziehen, ein Zeichen zu setzen – da gehe es um eine Basis in der Kunst, um eine Setzung, um das Formulieren eines Gedankens. So ist im ersten Strich, im vermeintlich Unscheinbaren eine Öffnung zur Welt angelegt. Zudem geht der mehr oder minder flüchtige Akt des Zeichnens im künstlerischen Prozess unmittelbar über in die Bewegung des vorläufigen Ablegens und des Weiterschreitens. Doch gilt das auch für die Künstlerin Silvia Bächli?

Silvia Bächli arbeitet seit vielen Jahren kontinuierlich und gemäss eigener Aussage «schnell», gewissermassen von einem Bild zum nächsten. Diese können sich folgen, miteinander verschmelzen oder sie führen zu weiteren überraschenden Bildern. Das Medium Zeichnung befördert ein solch rasches Vorgehen. Formale und technische Fragen erscheinen ihr im Schaffensprozess daher eher hinderlich, bremsen den zeichnerischen Prozess, zumal sie sich in ihrem Werk auf wenige Materialien beschränkt. Zeichnen bedeutet für die Künstlerin wesentlich mehr als ein stetes Produzieren und vermeintliches Vollenden. Das Werk lebt nicht vom prekären Moment des Entstehens allein, sondern ebenso von der anschliessenden Phase des Überprüfens, des Sich-Vergewisserns. Die entstandenen Blätter werden weggelegt, um zu einem späteren Zeitpunkt erneut einer eingehenden Begutachtung unterzogen zu werden: Hält das Gezeichnete einer längeren Betrachtung stand? Unterscheidet es sich vom Bisherigen? Eröffnet es neue Sichten und Möglichkeiten? Für Silvia Bächli ist der Prozess des Schauens und Immer-wieder-neu-Betrachtens daher genauso essenziell; ihre Zeichnungen müssen sich gewissermassen mit der Zeit bewähren: «Immer wieder etwas Anderes zu machen als vorher, ohne das Vorausgehende aufzugeben, alles mitnehmen und langsam weiterführen: dies ist eines der Prinzipien über die Jahre. Ich will vergessen, wie das Blatt mit dem Bein von gestern aussieht – deshalb kann man es nochmals versuchen. Wie sieht es wirklich aus? Wie fühlt es sich an von innen – wie sehe ich es bei anderen?» Oder anders formuliert: Was kann nach der Überprüfung beibehalten, was muss entsorgt werden? Das alles basiert bei Silvia Bächli auf jahrelanger Erfahrung, sucht indes zugleich nach der überraschenden, ungewohnten, gar neuen Formulierung im permanenten Schaffensprozess. Zeichnen ist damit ein Weitergehen ins Offene, in ungesichertes Terrain.

Mit ausserordentlicher Sorgfalt entwickelte die Künstlerin ihr Werk über die Jahrzehnte in einer konsequenten Suche von den expressiven Anfängen im Kontext der neuen Figuration der 1980er Jahren zu den introspektiven Bildfindungen ab den 1990er Jahren, von den kleinformatigen Handzeichnungen zu den körpergrossen Lineamenten bzw. zur Installation mehrerer Zeichnungen in sogenannten Ensembles auf der Wand bzw. in den thematischen Werkblöcken, angeordnet in einfachen Tischvitrinen. Allen Arbeiten vorausgegangen war der geschilderte Prozess des Sichtens und Ablegens sowie, in einem weiteren Schritt, die Suche nach Nachbarschaften, Bezügen und Präsentationsmodi: «meist auf einen bestimmten raum hin, versuche ich die zeichnungen zusammenzustellen, melodien einer zeitspanne zu finden. Jede zeichnung ist ein ton mit einer bestimmten farbe, lautstärke, länge, helle, dichte, ferne, schwere usw. Je nach kombination der töne färben sich die klänge anders. Pausen und zwischenräume sind genau so wichtig.»

In diesem Sinne führt Silvia Bächli das Zeichnen entschieden über den Blattrand hinaus auf die Wand – in den letzten Jahren zunehmend auch in den Raum. Damit wird die Ausstellung letztlich zum eigentlichen Test für die Gültigkeit einer ersten Setzung, das Installieren im Raum zur finalen Handlung, die selbstverständlich ebenfalls minuziös geplant wird. Was verbindet die Werke untereinander – auf einer Wand, im Raum? Damit Konstellationen sich bewähren können, werden sie zuvor im Hinblick auf eine Ausstellung im Atelier probeweise installiert und müssen hier der Begutachtung standhalten – selbst wenn die Künstlerin einzelne Wände oder ganze Räume aufgrund der vorhandenen räumlichen Beschränkungen nur in Teilen oder übers Eck inszenieren kann, um eine Vorstellung von deren Dynamik zu erhalten. In gewissem Sinne folgen ihre Ensembles auf der Wand bzw. im Raum der Idee einer Sammlung – expliziter noch bei den Tischvitrinen, die jeweils einen thematischen Schwerpunkt umkreisen wie Arme/Finger, Gesicht, Schattenriss, Zerren/Codes: Vielleicht dienen sie dazu, Überblick zu gewinnen, Ordnungen zu postulieren oder zu Erkenntnissen zu gelangen – zumindest für den Moment?

Konsequent durchlaufen Silvia Bächlis Ausstellungen dieselben Phasen des Setzens, Begutachtens und Entscheidens. Auf der Wand im Atelier erprobt, werden die Konstellationen anschliessend in ein Kartonmodell im Massstab 1:10 – das Modell für das Kunst Museum Winterthur mass insgesamt 2,3 × 4 Meter – eingefügt, um letztlich die Choreografie der konkreten Raumfolge zu bestimmen. Insbesondere bei vorgesehenen Leihgaben oder grösseren Formaten behilft sich die Künstlerin der Verkleinerung der Zeichnungen, die sie wie Schauspieler einsetzt, um sie in den Modellräumen zu inszenieren. Als Hilfsmittel zieht sie zudem eine Mobiltelefonkamera bei, die es ihr erlaubt, die Ausstellung als Ganzes im Überblick zu entwickeln, gelegentlich auch um in die Räume hineinzusteigen und den Blick des Betrachters im Modell zu simulieren. Nichts scheint dem Zufall überlassen: «Die Hängung der Arbeiten von Silvia Bächli, so wie sie die Künstlerin seit Jahren pflegt, ist deshalb meiner Auffassung nach der Angelpunkt ihres bisherigen Schaffens. [...] Ihre Werke sind Situationen, lebendige, vielgesichtige Ganze, die verschiedene Zugänge haben. Ihre Werke sind Systeme, die dem Betrachter nicht nur Inhaltliches als Spannung zwischen Intimem und Öffentlichem oder Ruhe und Bewegung mitgeben, sondern ihn diese Gegensatzpaare während der Rezeption erleben lassen», hielt Roman Kurzmeyer mit Blick auf die ersten Ensembles der Künstlerin 1991 fest.

Dass eins zum anderen wurde. Welches welches ist? lautet der Titel von Silvia Bächlis Ausstellung im Kunst Museum Winterthur. In der einen Zeile, einem Auszug aus dem Gedicht der amerikanischen Lyrikerin Elizabeth Bishop, klingen verschiedene, für das Schaffen der Künstlerin entscheidende Momente an, so das Verändern, die Transformation beispielsweise konkreten Erlebens ins Medium Zeichnung. Oder die Frage nach dem Wahrnehmen dieser Veränderungen, das Erkennen und Benennen genauso wie das Unterscheiden dessen, was «wurde». Es erstaunt daher kaum, dass der Textauszug der Künstlerin beim Lesen aufgefallen ist und nun zum gleichermassen poetischen wie programmatischen Titel ihrer Ausstellung geriet, kreisen doch ihre zeichnerischen Erkundungen exakt um dieselben Momente des Veränderns – dass die Dinge im zeichnerischen Schaffen ein anderes wurden und sich doch letztlich immer einer Benennung entziehen. Indes stand der Titel nicht am Anfang des Ausstellungsprojekts, sondern schlich sich mit der Zeit ein. Ausgangspunkt waren vielmehr konkrete Fragen wie die eingangs gestellten: Wo anfangen? Was sollte die Ausstellung leisten? Oder schlicht: Was machen wir? Auf diese Frage der Künstlerin folgte der Hinweis des Schreibenden auf die über die Jahre zurückbehaltenen und in der 2004 herausgegebenen Publikation *Lidschlag* zusammengefassten Zeichnungen, ein Überblick über ihr Œuvre seit den Anfängen bis 2003. Zuerst als lineare Struktur angedacht, sollten sich die Werke von *Lidschlag* den Aussenwänden der Ausstellungshalle entlang durch die Räume ziehen und eine zeitliche Abfolge ermöglichen. Weil das mit zweihundert Blättern zu umfangreich geworden wäre, reduzierte Silvia Bächli die Auswahl auf ein Werk pro Jahr, und *Lidschlag* wanderte ins Herzen der Ausstellung, in den zentralen Saal. Die von den Architekten Annette Gigon und Mike Guyer entworfene filigrane Ausstellungshalle erschliesst sich nicht linear im Sinne einer klassischen Enfilade, sie ist vielmehr raffiniert entlang von drei Kammern organisiert. Die einzelnen Räume öffnen sich nach vorne und zur Seite bzw. mit drei Fenstern in den Aussenraum und letztlich in die Welt. Das architektonische Dispositiv erlaubt somit verschiedene Rundgänge, eröffnet Durchblicke und wechselnde Perspektiven. Die gegebene Architektur ist damit letztlich auch von Bedeutung für das Werk, welches, wie Kristin Schmidt es formulierte, den dreidimensionalen Raum integriert: «Jede Zeichnung eröffnet einen eigenen Raum, der innehalten lässt, doch gleichzeitig bleibt stets das grosse Ganze im Bewusstsein.»

Dieses «grosse Ganze» zu erfassen, ist das Ziel der vorliegenden Publikation – allerdings ohne nachträglichen dokumentarischen Charakter. Vielmehr sollte sie einen Einblick in die Entwicklung des Ausstellungsprojektes ermöglichen. So bilden zahlreiche Modellfotografien zusammen mit Abbildungen ausgewählter Zeichnungen den Kern des Buches. Von der Künstlerin in Zusammenarbeit mit der Grafikerin Anne Hoffmann entwickelt, handelt es sich in gewissem Sinne eher um ein Skizzenheft der Ausstellung. Das schlägt sich in seiner bewusst provisorisch gehaltenen Form nieder, die nicht zuletzt verdeutlicht, dass weniger das Resultat, die Dokumentation der Ausstellung, im Zentrum steht, sondern im Gegenteil der Prozess des Weiterschreitens, welcher Silvia Bächlis Œuvre seit jeher bestimmt – mit stets neuen Anfängen, aber ohne Ende …

Konrad Bitterli: Beginning

Drawing is entering new territory and walking around in it, creating space and exploring, working with and against the edges of the paper.
Silvia Bächli

Where to begin? The experience that writers have when facing a blank sheet of paper in a typewriter—or a computer screen, as is usually the case today—has become a topos of cultural history that enables us to understand what it means for a visual artist to be confronted with the same blank sheet of paper. Writing is about putting down ideas in a logical sequence to present an argument or develop a narrative, and the typewriter supports the writer by imposing an ordered progression of lines and linearity on writing. How much more difficult it must be for artists to begin with a fresh sheet of paper, which entails many questions: Where should the line begin? What direction should it take? What are its qualities? Does it follow its own line, or does it expand to delineate an area? How does it continue after these first decisions have been made? Is the first line followed by a second, and even a third? On a more fundamental level: What materials are to be used? How large is the paper? Depending on the format, the artist can work while sitting or standing—which also influences the drawing's scope. These are only a few of the issues that artists must continually consider—for the most part automatically—leading up to the final questions: When do I stop? Is the drawing complete? It is possible that these decisions are dependent on the artist's attitude in the moment of beginning or ending, the amount of time allotted, the focus of the artist, and—not least of all—what experiences flow into the creative process.

As Jean-François Lyotard observed, "drawing a line on a surface, whatever kind, means to produce a minimum of meaning." He believed that drawing had a more fundamental character than any other medium. For Lyotard, drawing lines and making marks were the foundations for making an artistic statement or expressing a thought. Despite its purported inconspicuousness, the first line creates an opening to the world. Moreover, he observed that the fleeting act of drawing in the artistic process flows directly into the gesture of temporarily putting something aside and moving on. Does this also apply to Swiss artist Silvia Bächli?

For many years, Bächli has consistently produced pictures in rapid succession, describing the process as "quick." The pictures sometimes follow each other, often merge, and frequently lead to other surprising pictures. The medium of drawing encourages such speedy action. Bächli views formal and technical issues as a hindrance to the creative act, one that slows down the drawing process, especially since she limits herself to a few materials. Drawing means much more to Bächli than steady production and ostensible completion.
Her work does not derive its energy from the precarious moment of its creation alone; it is equally about the phase of evaluation that follows creation. She puts the pictures she produces aside until a later point in time, when she resubjects them to an in-depth evaluation: Does the drawing hold up to an extended examination? Is it different from the previous one? Does it open new perspectives and possibilities? For Bächli, the process of looking and returning to look with fresh eyes is just as essential; her drawings must prove themselves over time: "One of my principles over the years has been to always create something different than before, without giving up what led to it, taking everything along, and proceeding slowly. I want to forget what that sheet with the leg looked like yesterday. That enables me to try it again. What does it really look like? What does it feel like from the inside? What does it look like in the work of other artists?" In other words, what can be retained after the evaluation, and what should be discarded? In Bächli's practice, this is based on many years of experience, while searching for surprising, unusual, even new expressions in the continual process of creation. This makes drawing a progression toward the open, toward uncertain terrain.

The artist has developed her art with exceptional alertness in a consistent, decades-long search, from her expressive beginnings within the context of new figuration of the 1980s to her more introspective works starting in the 1990s, ranging from small-format drawings to body-sized lineaments, hung on the wall in installations consisting of several drawings in what she calls "ensembles," or the thematic blocks of work that are arranged in simple table vitrines. These works were all preceded by the process of viewing and putting away along with a further step of searching for similarities, relationships, and ways of presentation: "usually with a particular space in mind, to find melodies for an interval of time. Every drawing is a note, with a particular color, volume, length, brightness, density, distance, heaviness etc. Depending on the combination of notes the sounds take on different colors. Breaks and spaces in between are just as important."

Using this approach, Bächli resolutely transports drawing from the edge of the sheet of paper to the wall—increasingly venturing into three-dimensional space in recent years. Ultimately, this makes the exhibition into a testing ground for validating the first implementation, while the installation in the room is the final act, which naturally requires careful planning as well. What links the works to each other—on a wall, in space? To work out the constellations, the artist temporarily installs them in her studio to see if they live up to her expectations—even though due to spatial limitations she can often only stage or juxtapose parts of individual walls or rooms to get an idea of their dynamics. In a certain sense, her wall-mounted ensembles and installations follow the idea of a collection—this is even more explicit in the table vitrines that each revolve around a theme such as arms/fingers, face, silhouette, stretching/codes: it is possible that they serve to provide an overview, impose order, or gain knowledge—at least for the moment.

Bächli consistently runs her exhibitions through the same phases of implementing, evaluating, and deciding. After she has tried them out on the studio wall, she inserts the constellations into a one-tenth-scale cardboard model to determine the choreography of the specific order of rooms. (The model for the Kunst Museum Winterthur measured 2.3 by 4 meters.) Especially in the case of intended loans or larger formats, the artist uses reductions of the drawings, which she inserts as "actors" that she uses to "stage" the rooms of the model. To aid this process, she employs a cellphone camera that enables her to fine-tune the overall exhibition by entering the spaces and simulating the visitor's perspective in the model. Nothing seems to be left to chance. As Roman Kurzmeyer commented in reference to the artist's first ensembles in 1991, "The way the work is hung, an activity that the artist has been engaged in for years now, is therefore, in my opinion, the lynchpin of her oeuvre to date. Her works are situations, lively, many-faceted wholes with various points of approach. Her works are systems providing the viewer not only with content in the form of the tension between the intimate and the public or between repose and movement, but also allowing him to experience these pairs of opposites during his reception of the work."

Dass eins zum anderen wurde. Welches welches ist? (They've turned into each other. Which is which?) is the title of Bächli's exhibition at the Kunst Museum Winterthur. This line from *Poem* by American poet Elizabeth Bishop addresses two different moments that are decisive for the artist's work: changing and transforming something such as a personal experience into the medium of drawing, and perception of these changes—acknowledging and naming it just as much as discerning what "happened." It is not surprising that the poem attracted the artist's attention and has now become the equally poetic and programmatic title of her exhibition, since her exploration in drawings revolves particularly around this very moment of change: the things in her drawings transform and ultimately resist being named. When the project began, the title had not yet been found; it developed as

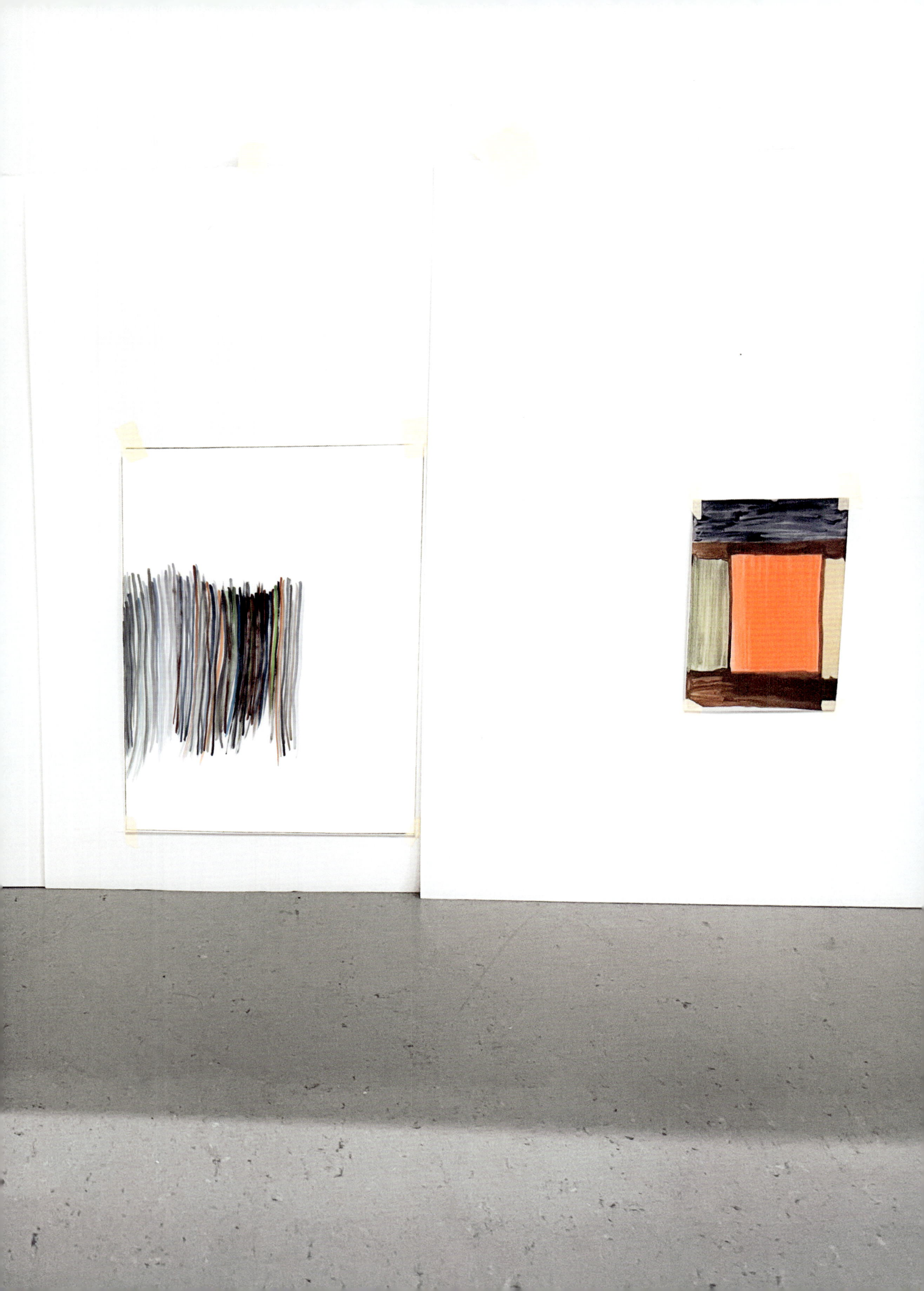

the project progressed. The early phase of the project was motivated by questions such as those posed at the beginning of this essay: Where to begin? What should the exhibition achieve? In short: What are we doing? In response to this question, the artist followed my suggestion regarding a series of drawings that had been laid aside and published in 2004 as a book entitled *Lidschlag* (Blink of the Eye), which amounted to an overview of her work through 2003. Initially conceived as a linear structure, the works of *Lidschlag* were to extend from the outside walls of the exhibition space in a chronological sequence through the rooms.
Since it would have been too extensive if we used all two hundred sheets, Bächli reduced the selection to one work per year, and *Lidschlag* became the heart of the exhibition in the central room.
The filigree architecture of the exhibition hall, designed by Annette Gigon and Mike Guyer, does not follow the linear sequence of a traditional enfilade; instead, the space is artfully organized around a triad of rooms. The individual spaces each have a window to the front or side, linking them to the outside and ultimately providing a connecting to the world. The arrangement of the architecture permits different sequences of rooms, opening vistas and changing perspectives. The existing architecture thus also takes on significance for the work, which, as Kristin Schmidt noted, integrates three-dimensional space: “Every drawing opens up its own space, allowing it to pause, but, at the same time, she never loses sight of the big picture.”

The aim of the present catalog is to capture this “overall whole” while dispensing with any retrospective documentary character. Instead, the catalog is to offer insight into the development of the exhibition project. This explains why we have included numerous photographs of models, along with illustrations of selected drawings that form the core of the book. Developed by the artist in collaboration with graphic designer Anne Hoffmann, the catalog was conceived as a kind of sketchbook of the exhibition. This shaped its consciously provisory form, which ultimately makes clear that it does not focus on documenting the resulting exhibition, but rather the process of moving on that has formed Silvia Bächli’s oeuvre—always with new beginnings and without an end…

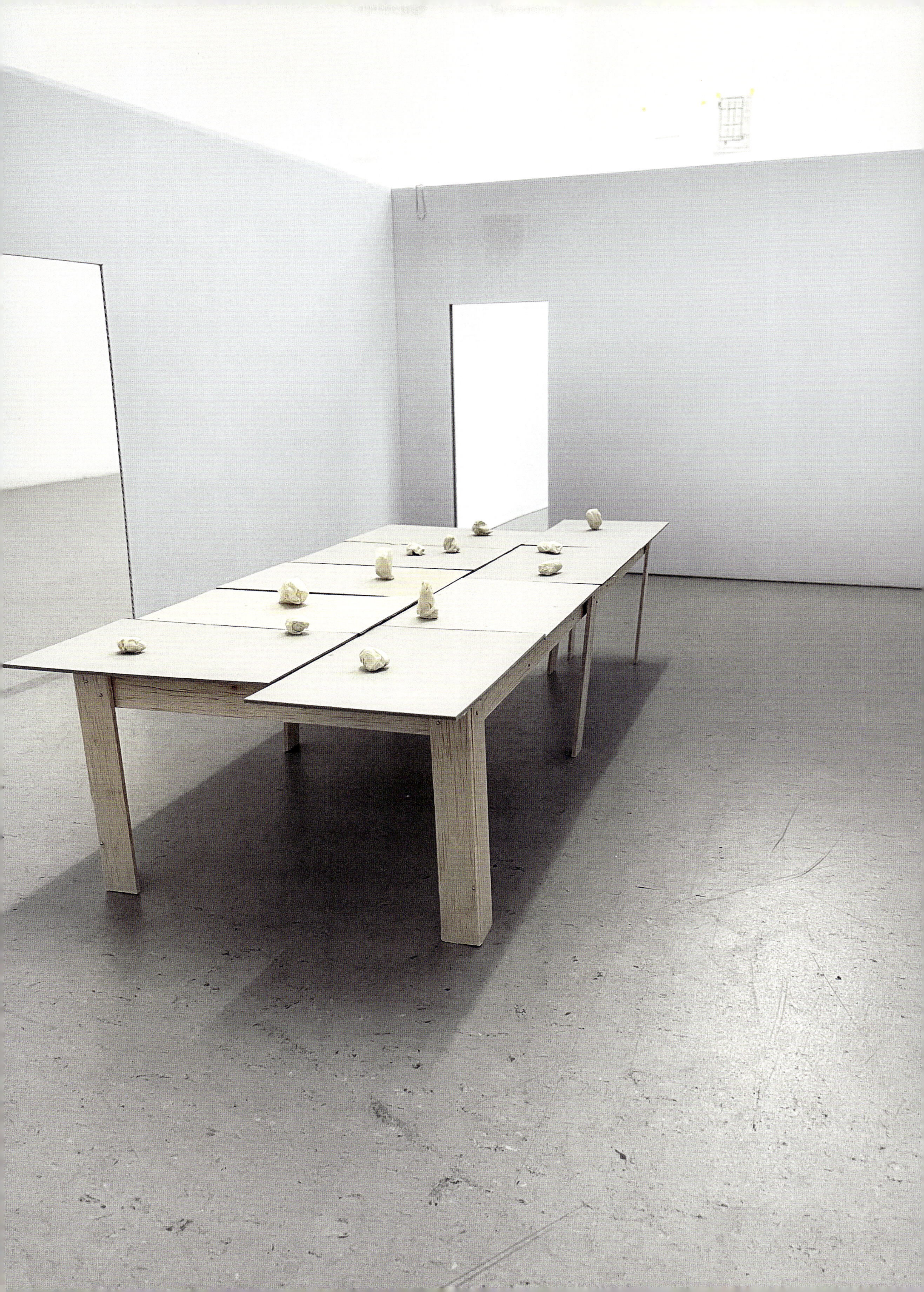

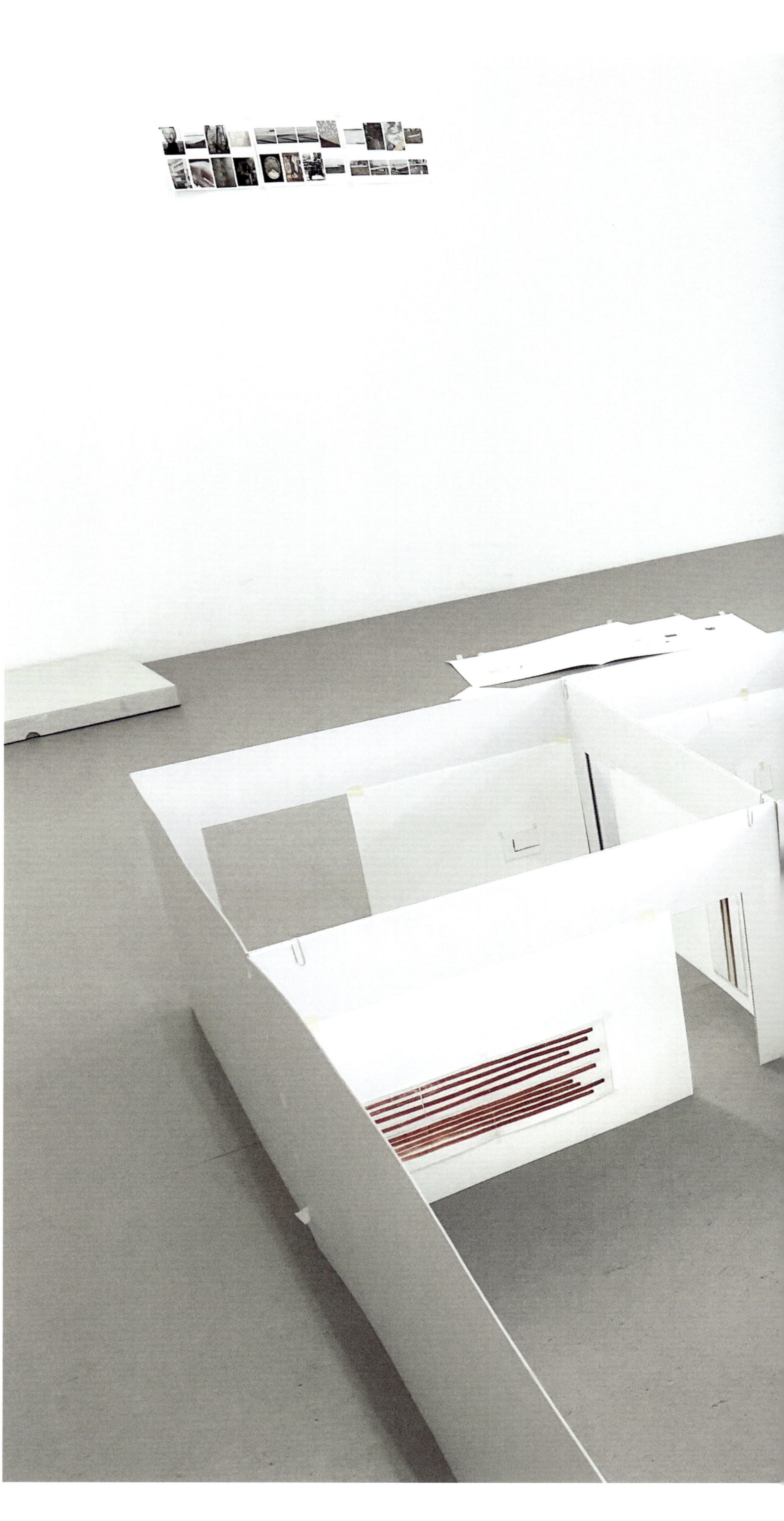

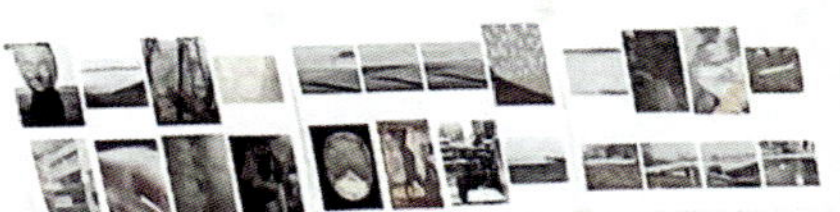

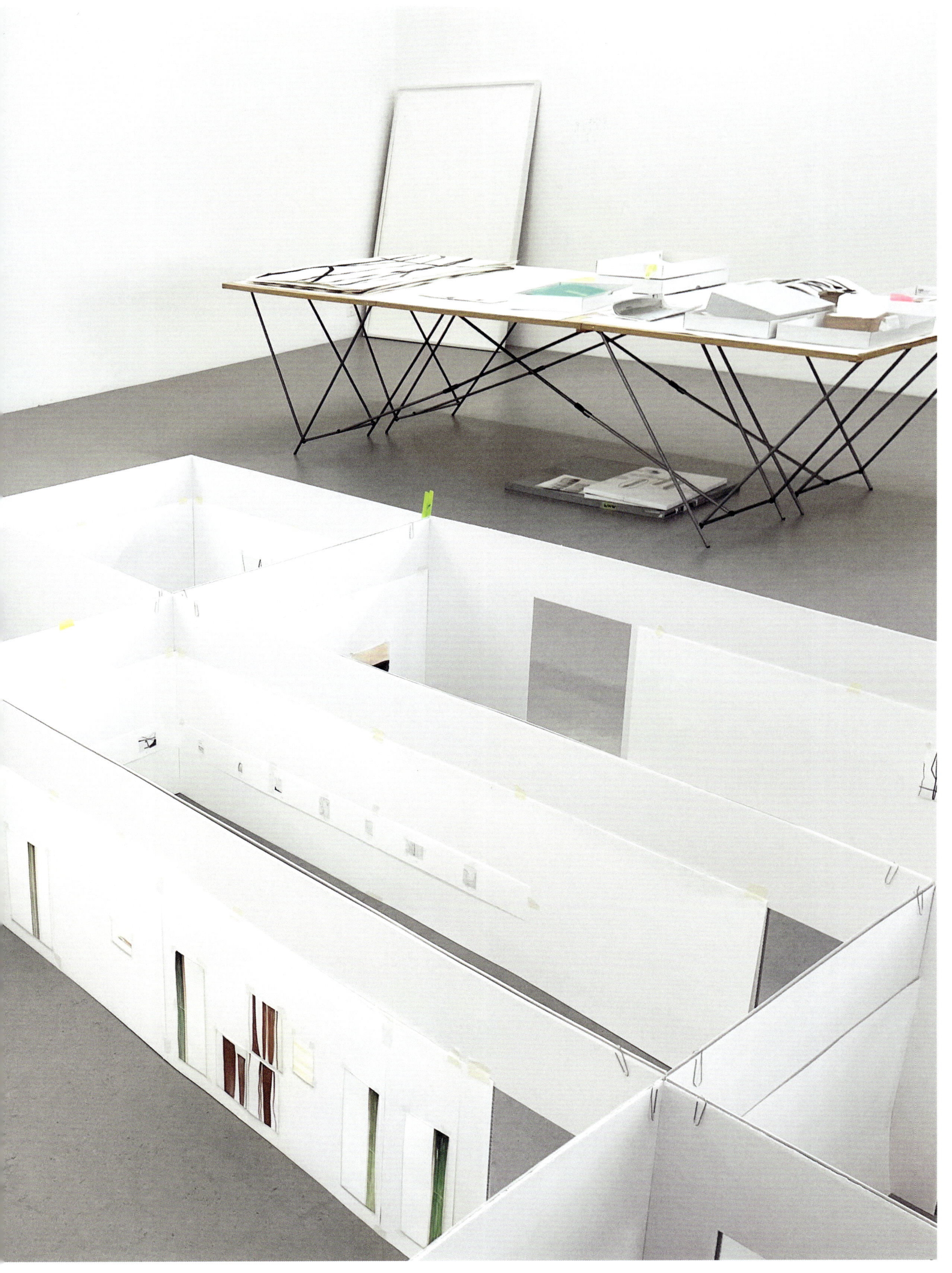

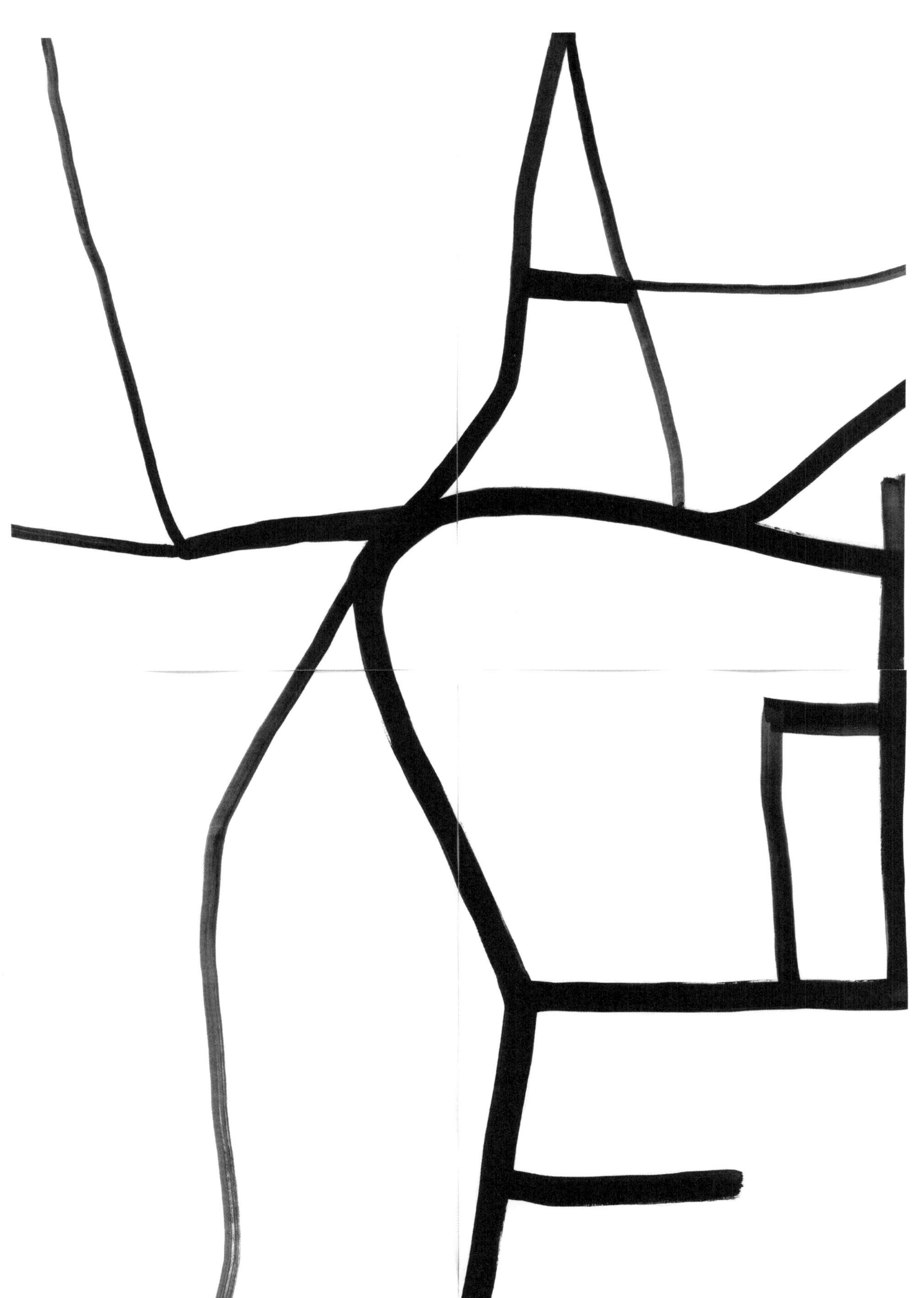

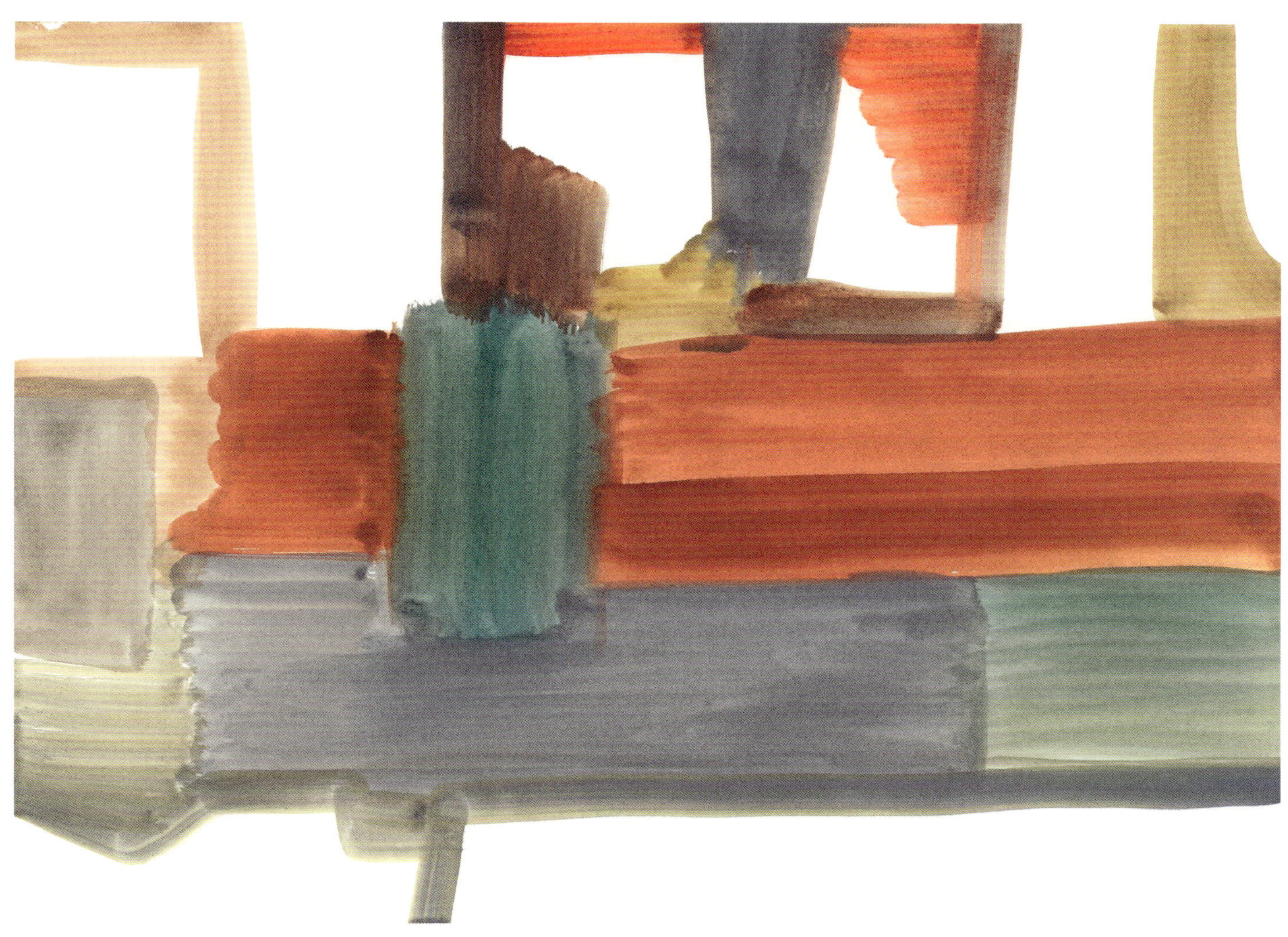

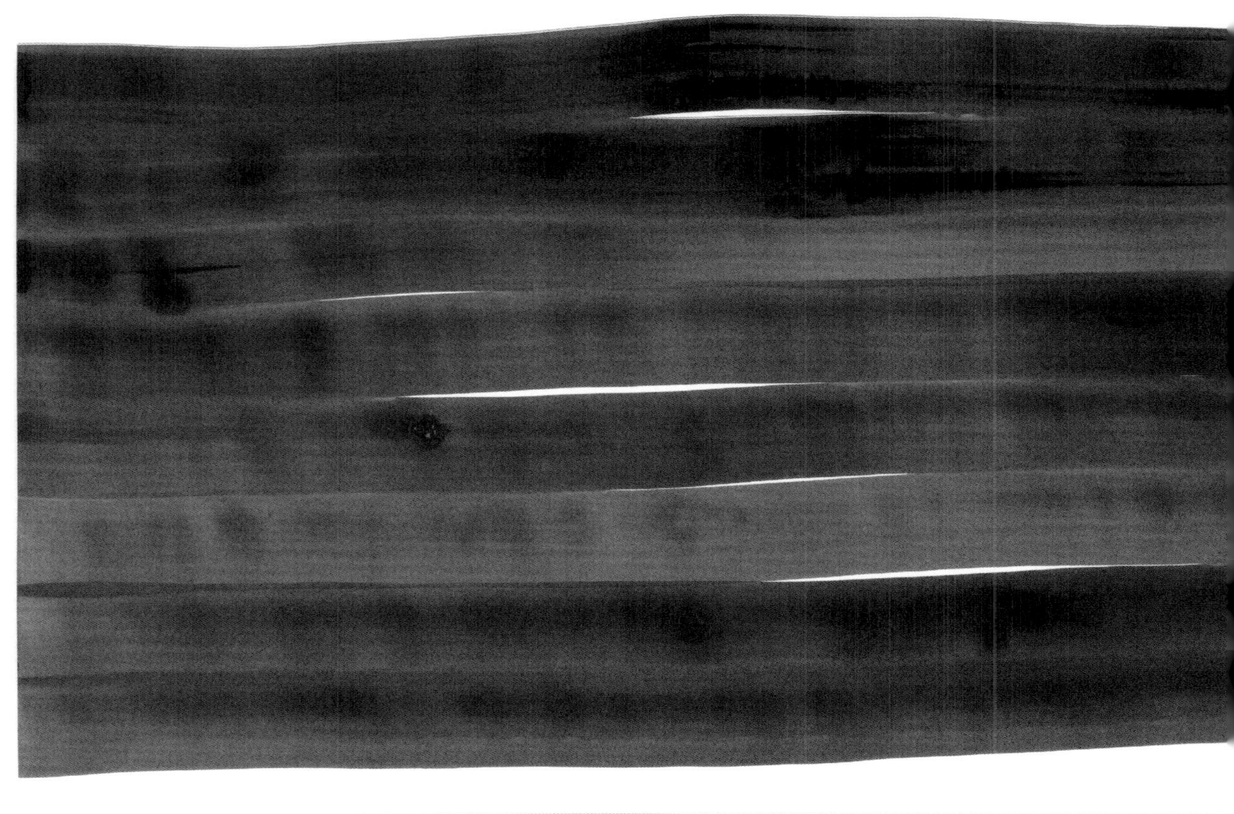

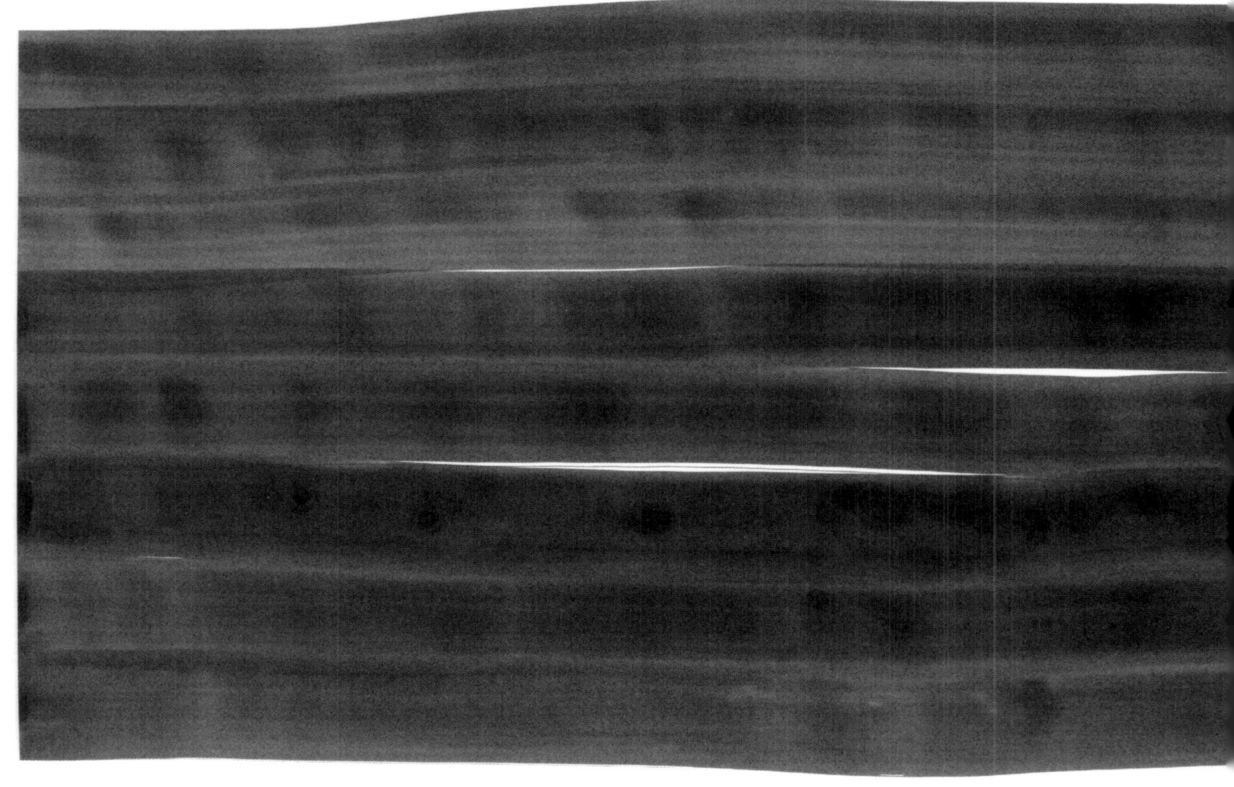

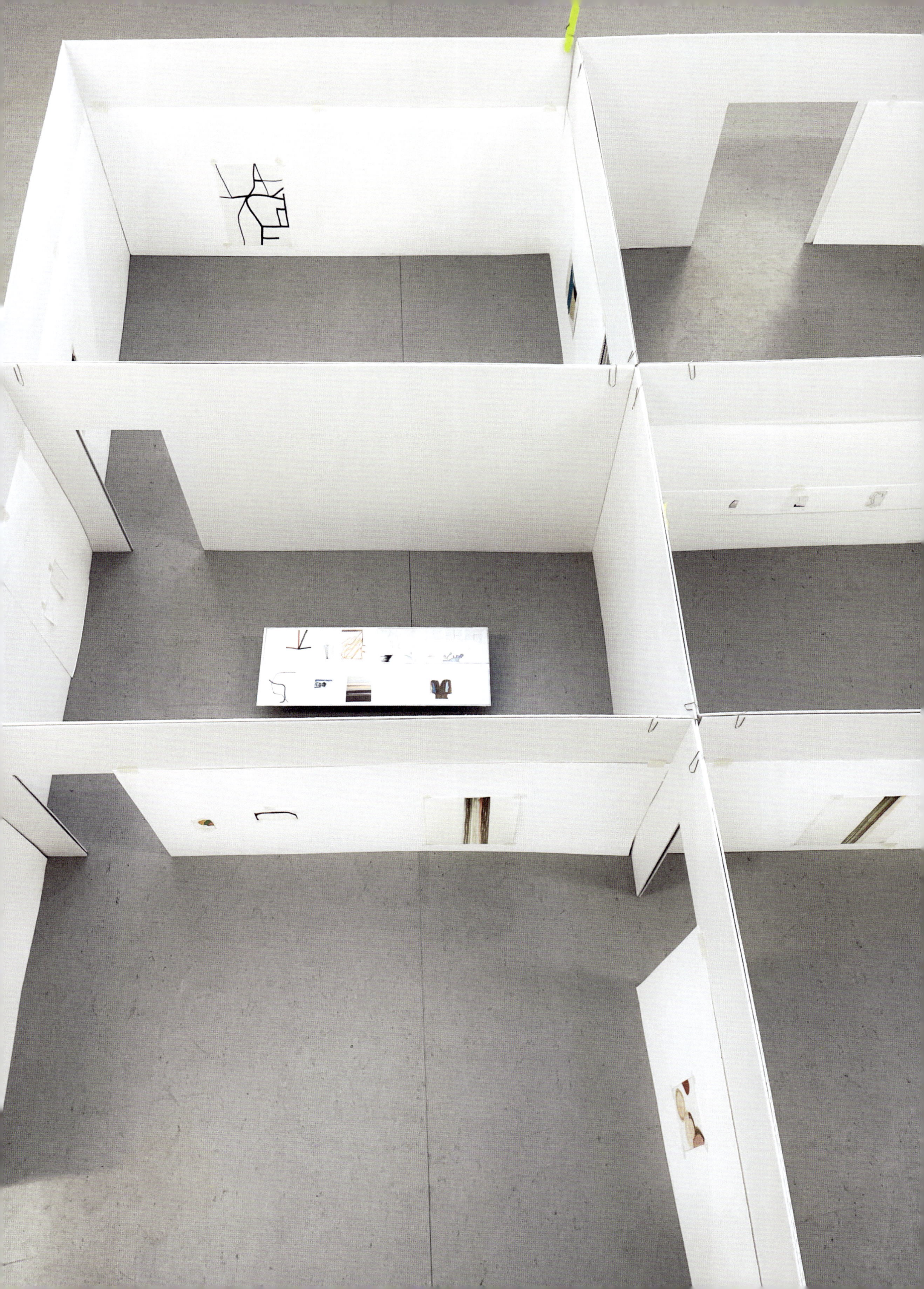

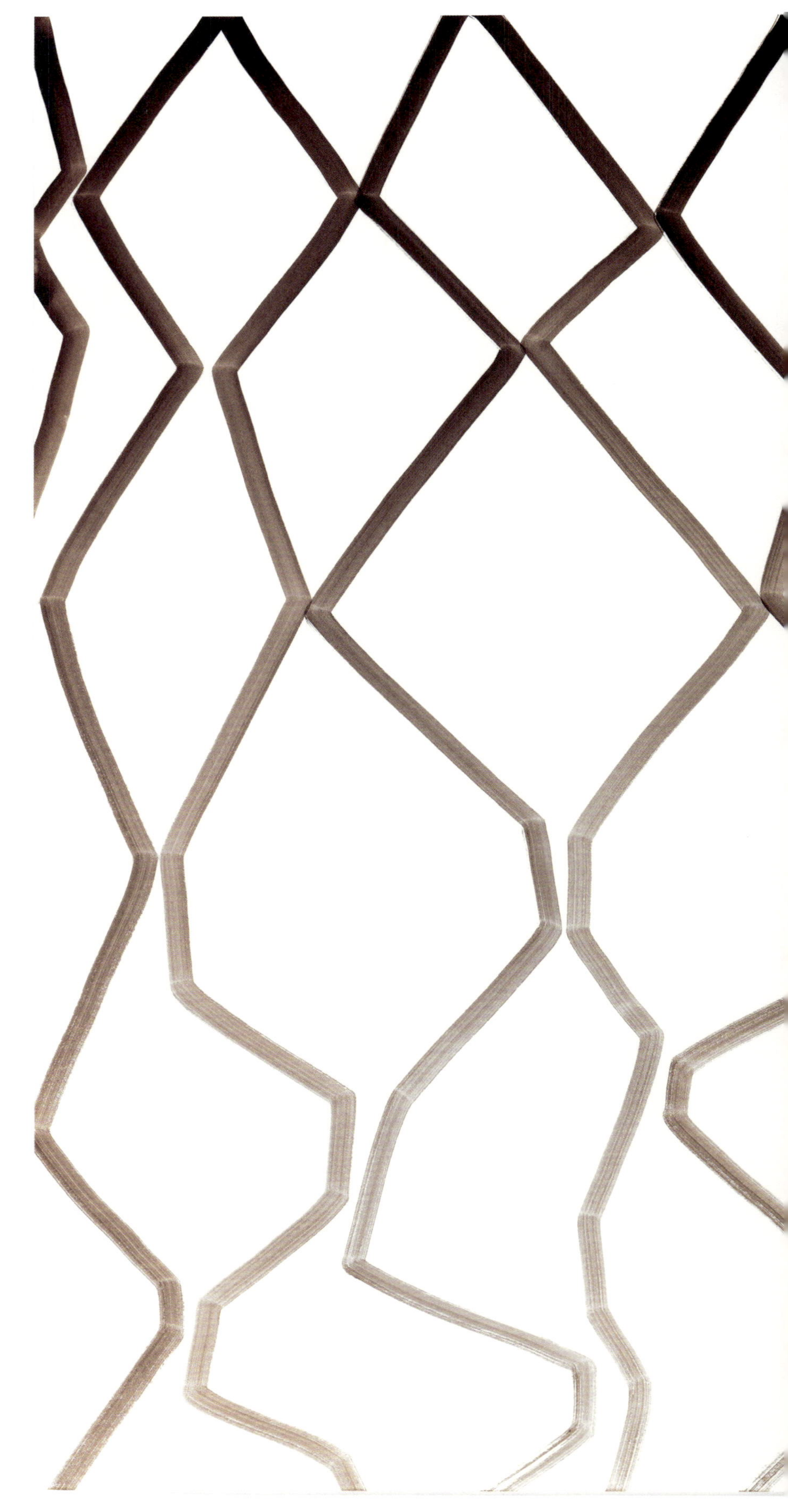

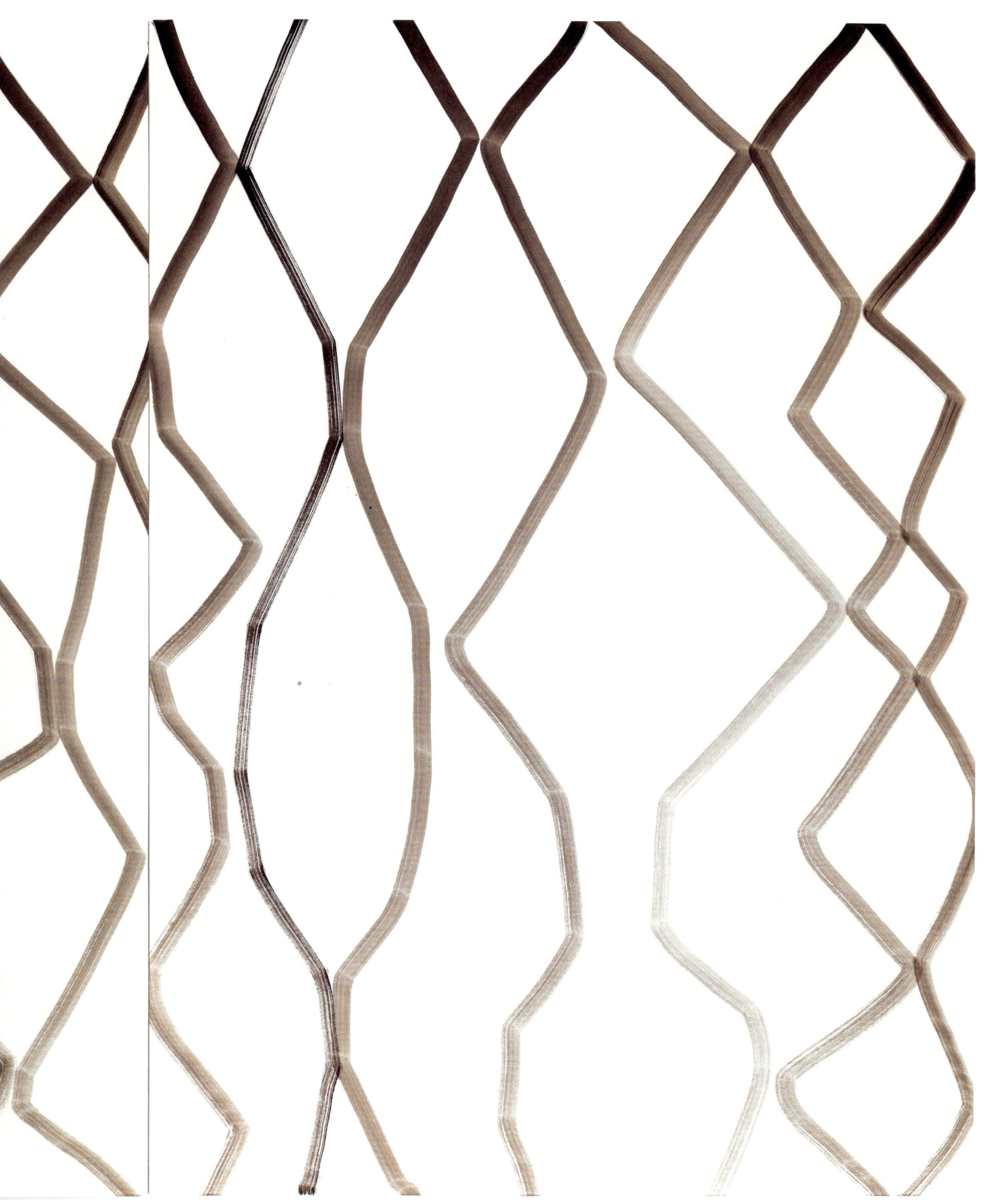

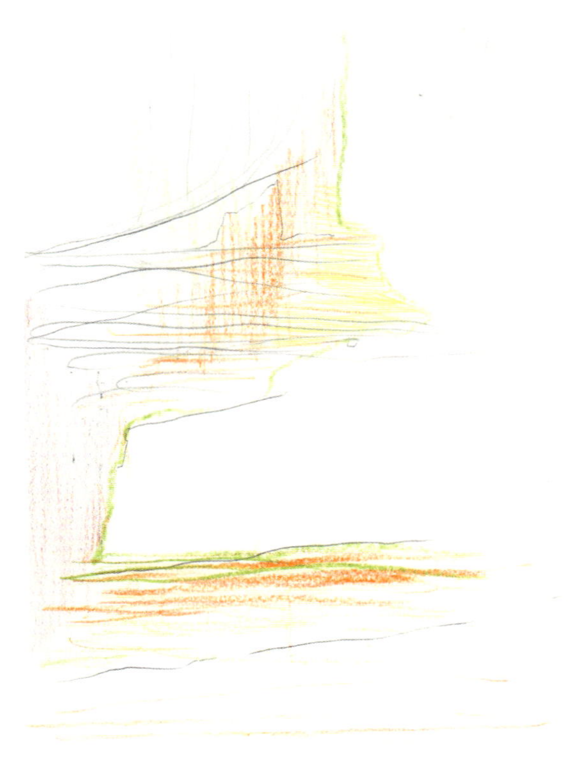

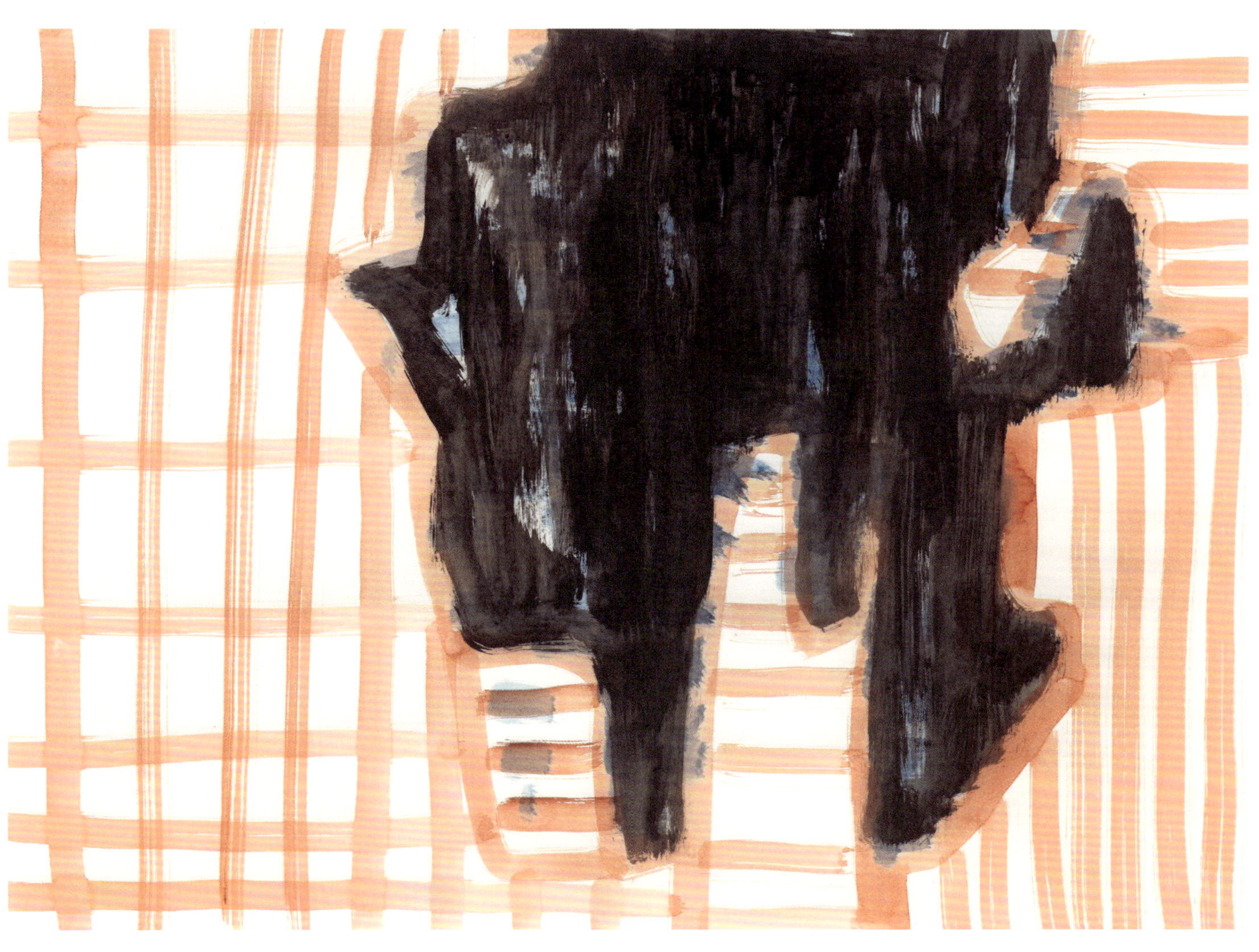

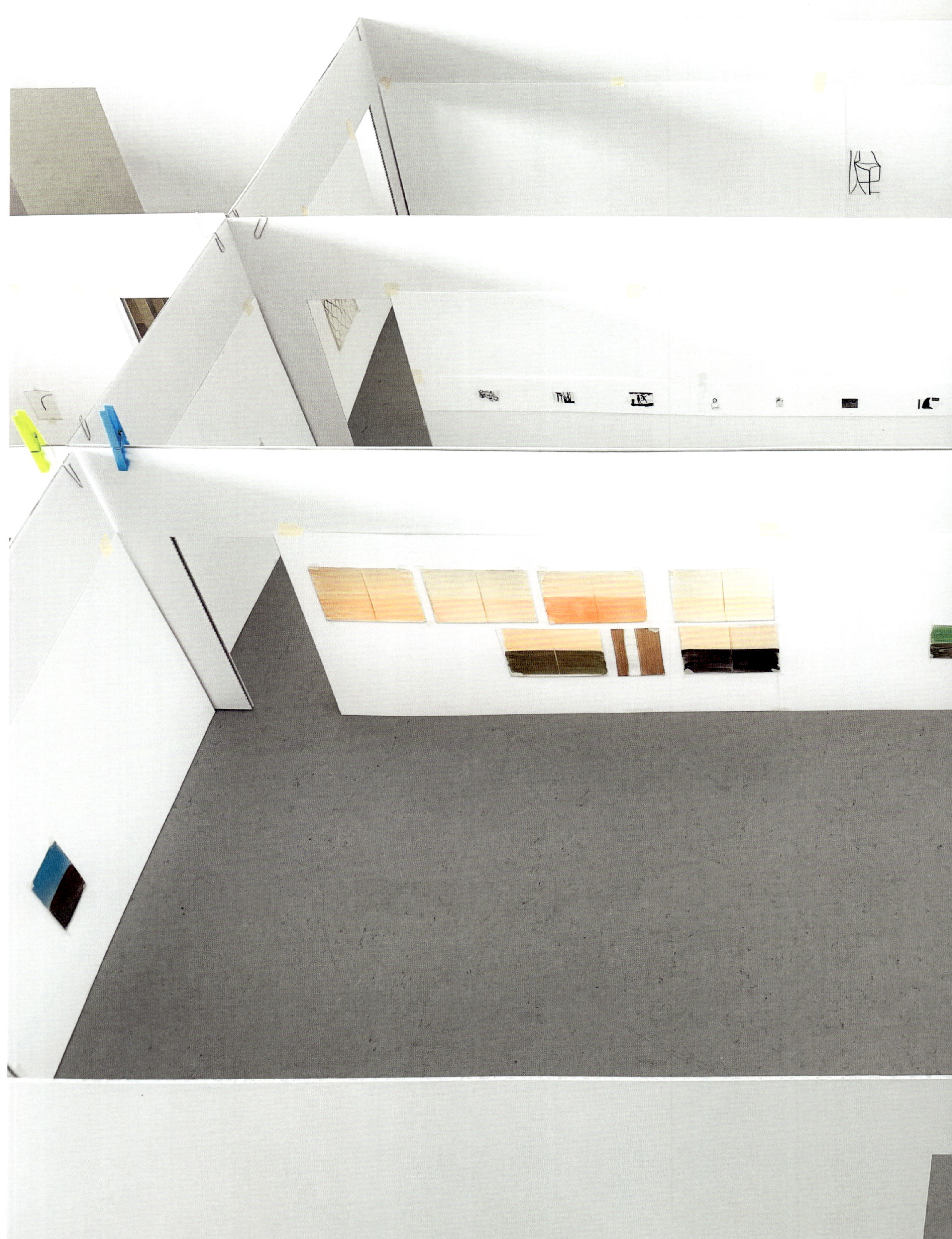

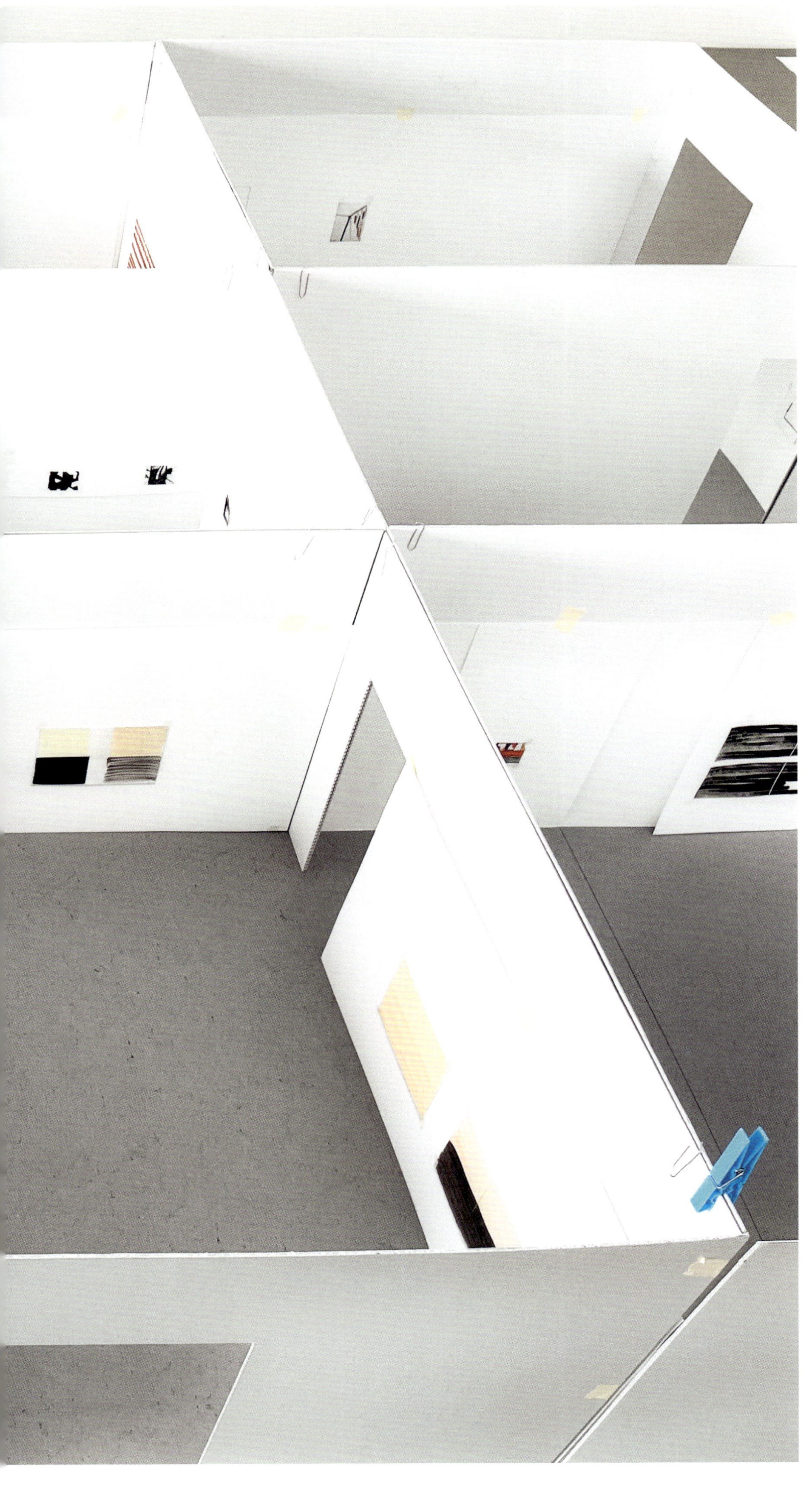

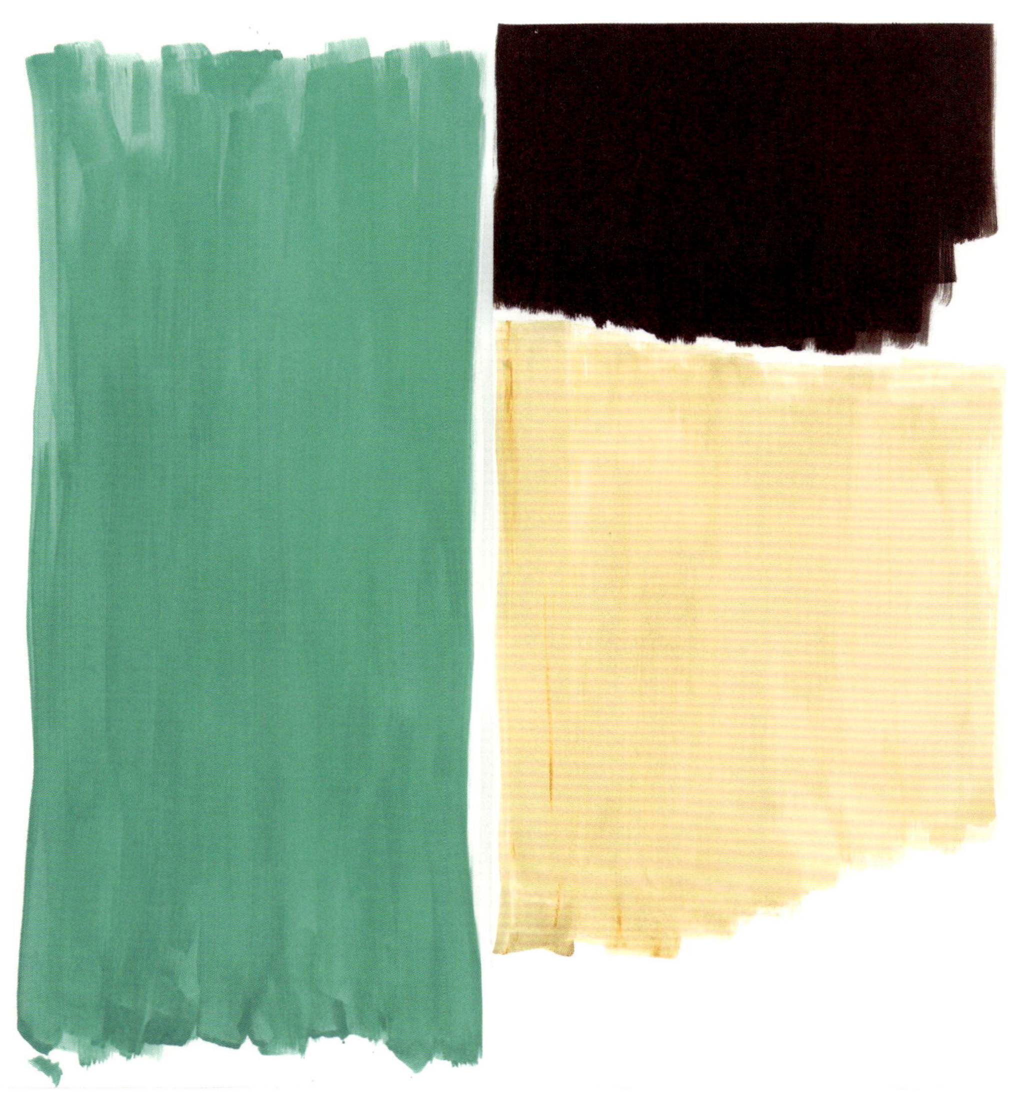

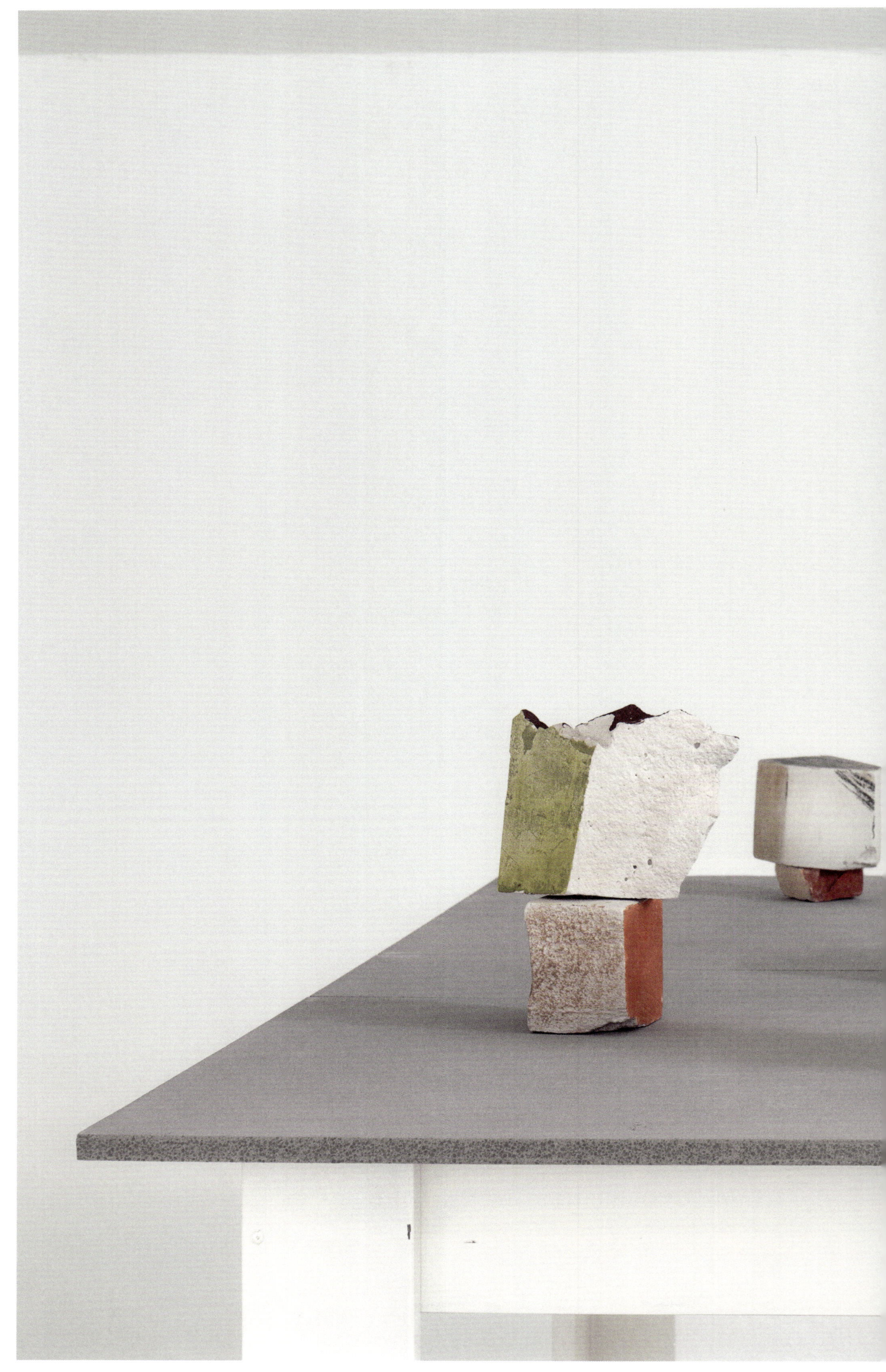

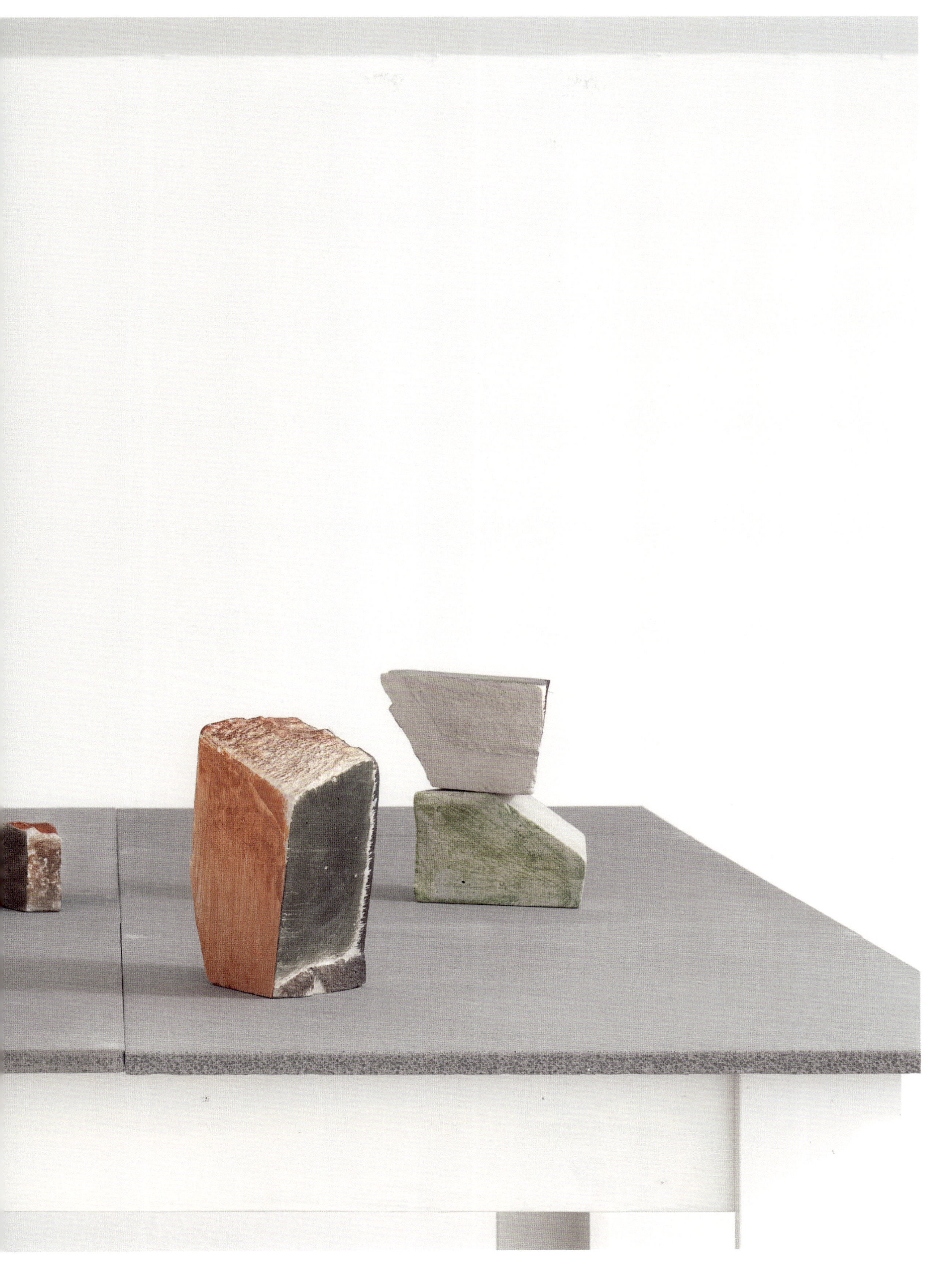

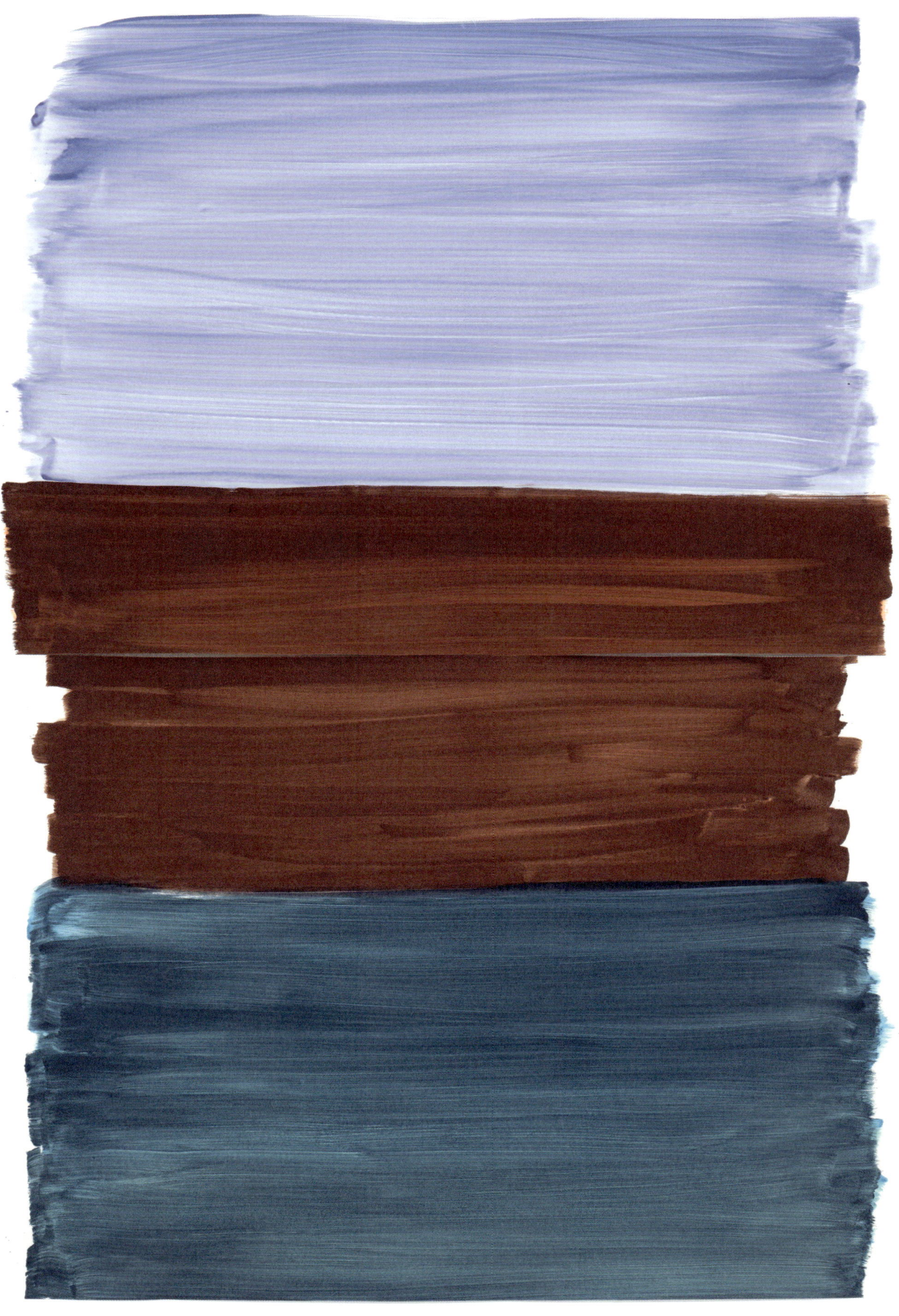

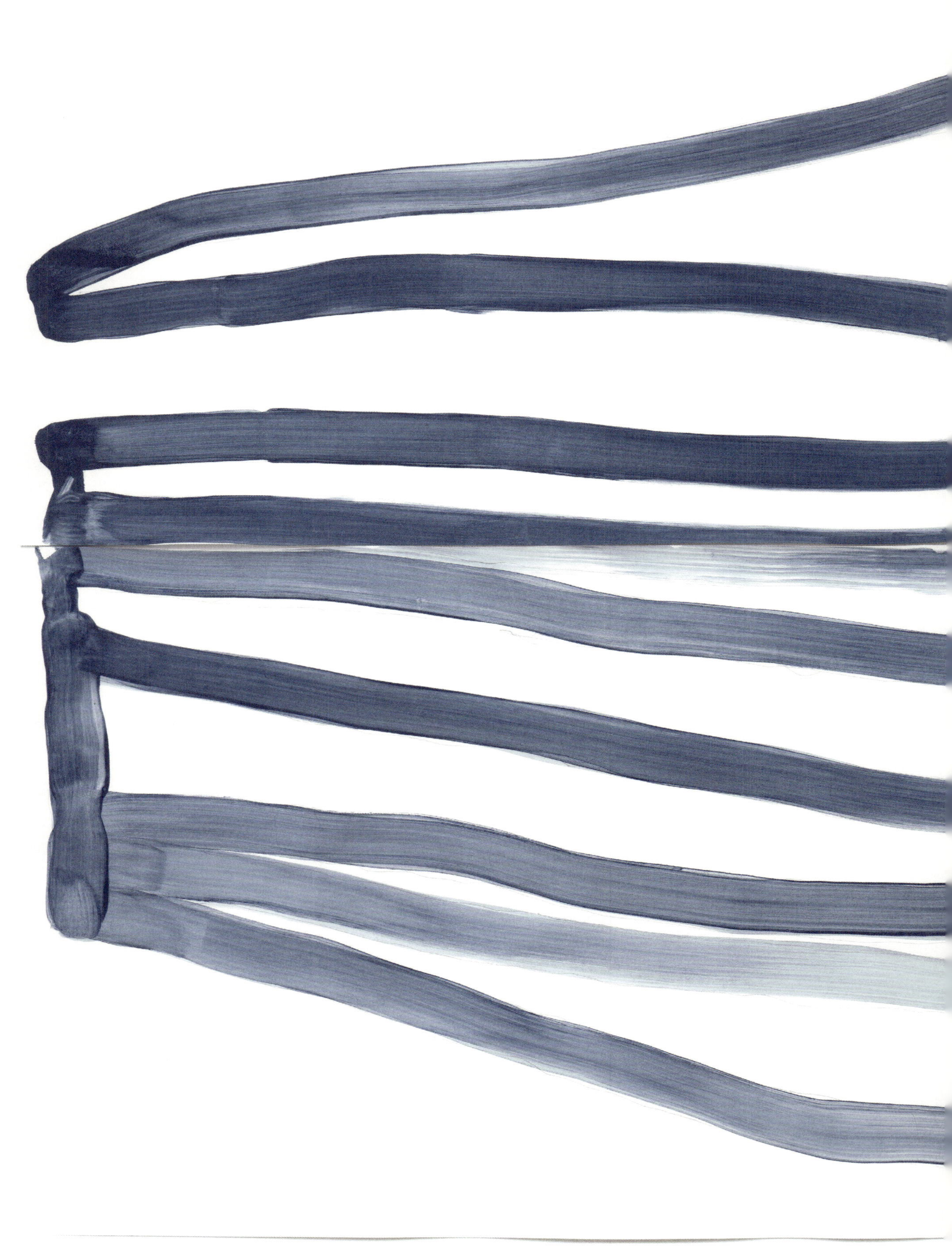

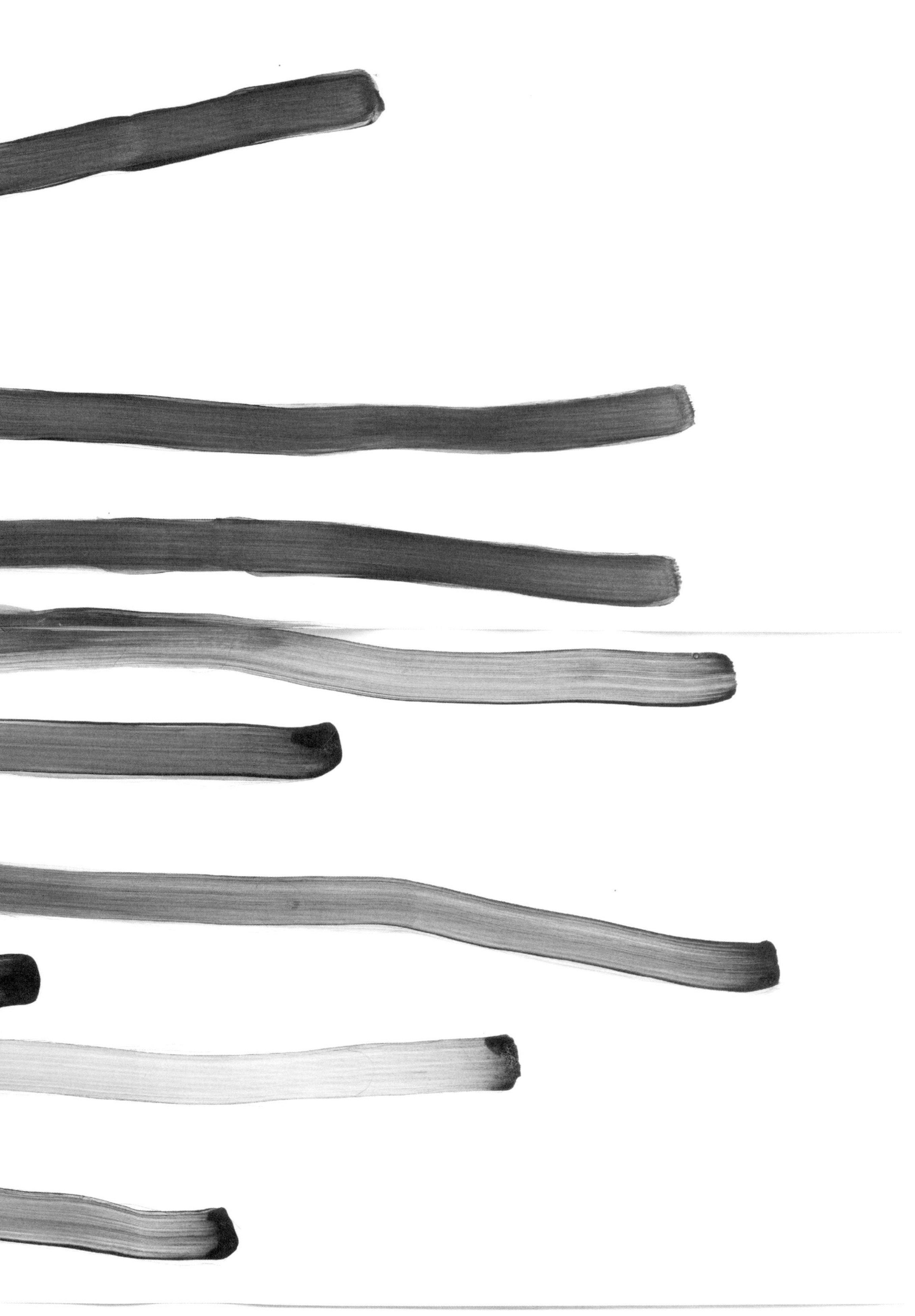

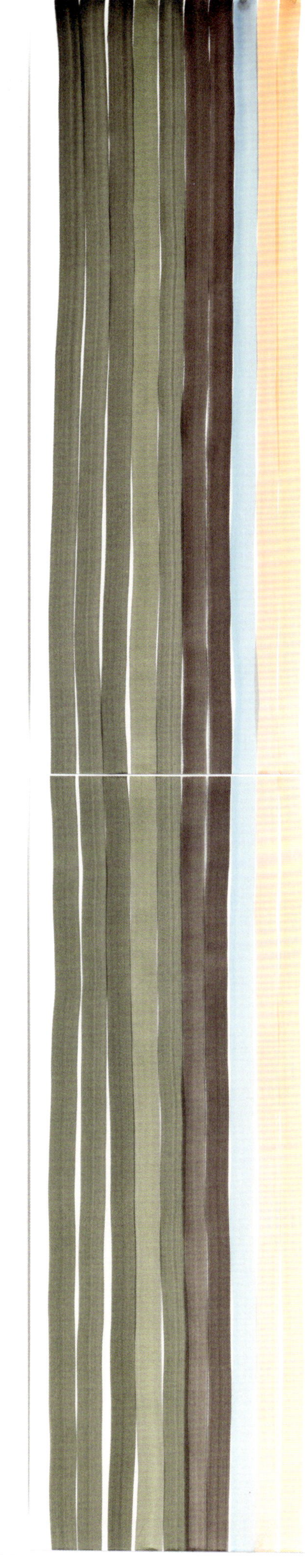

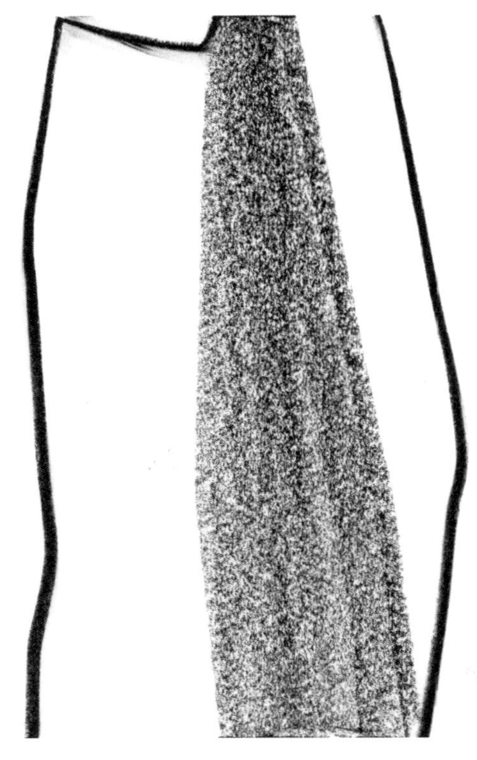

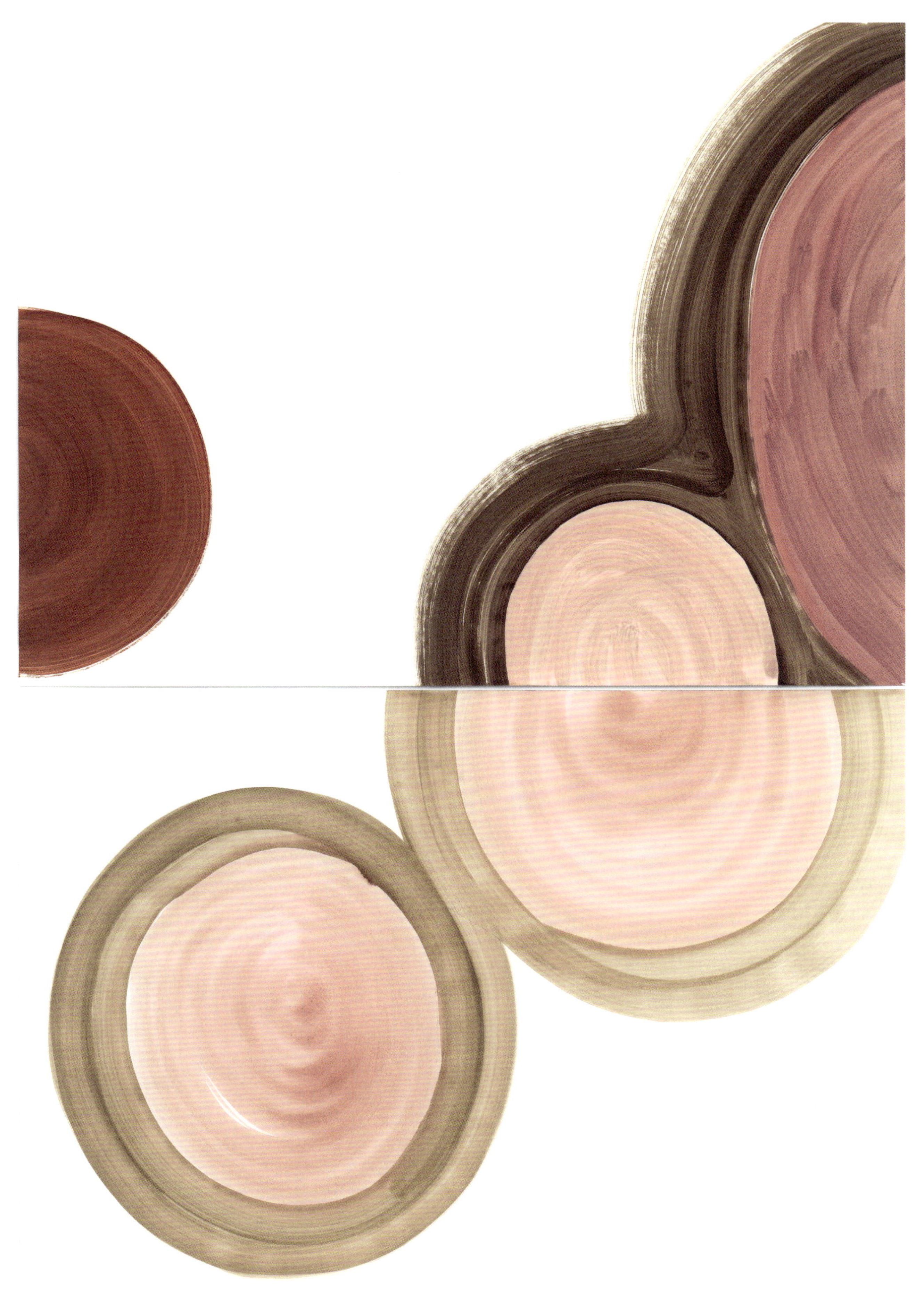

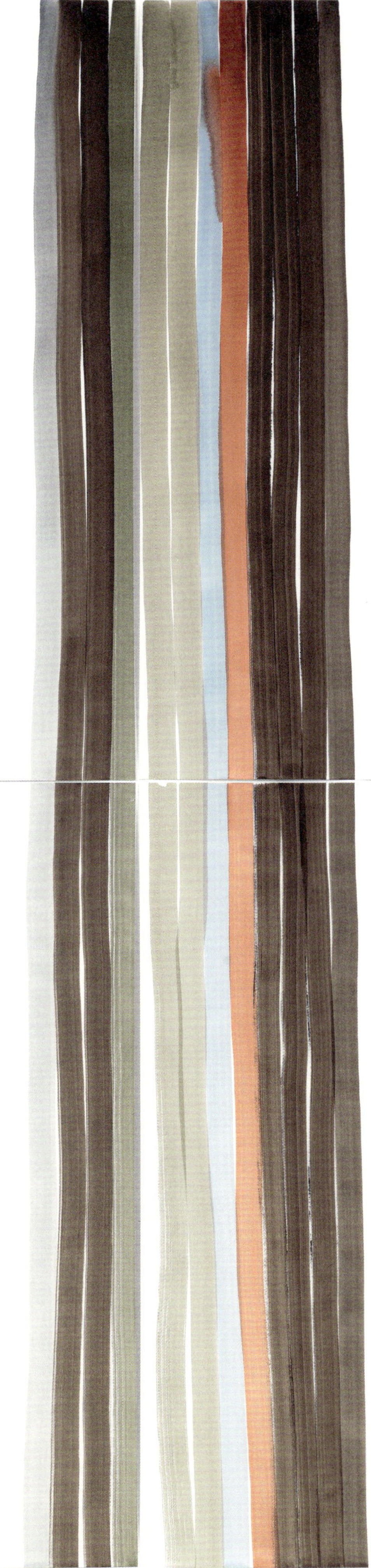

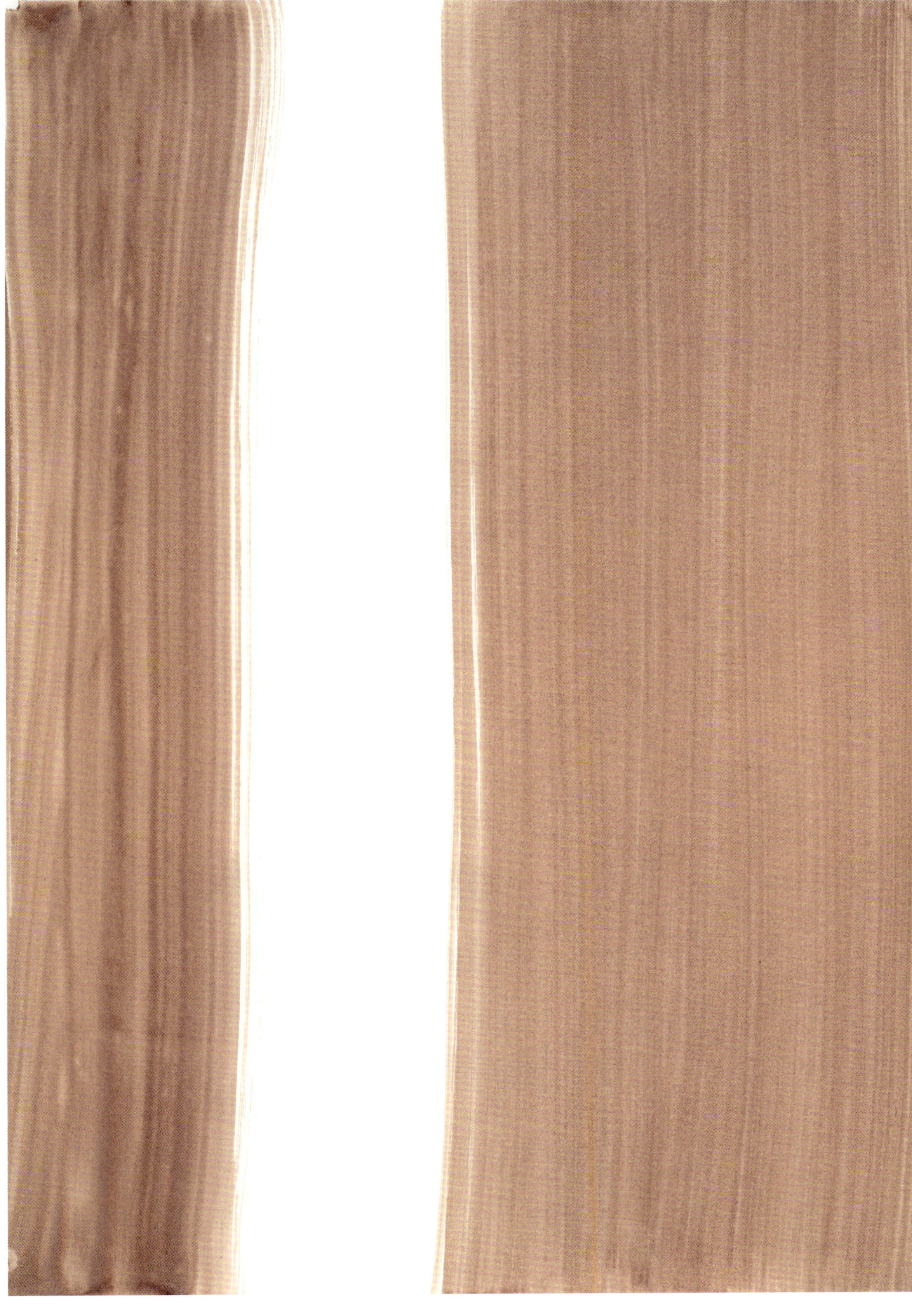

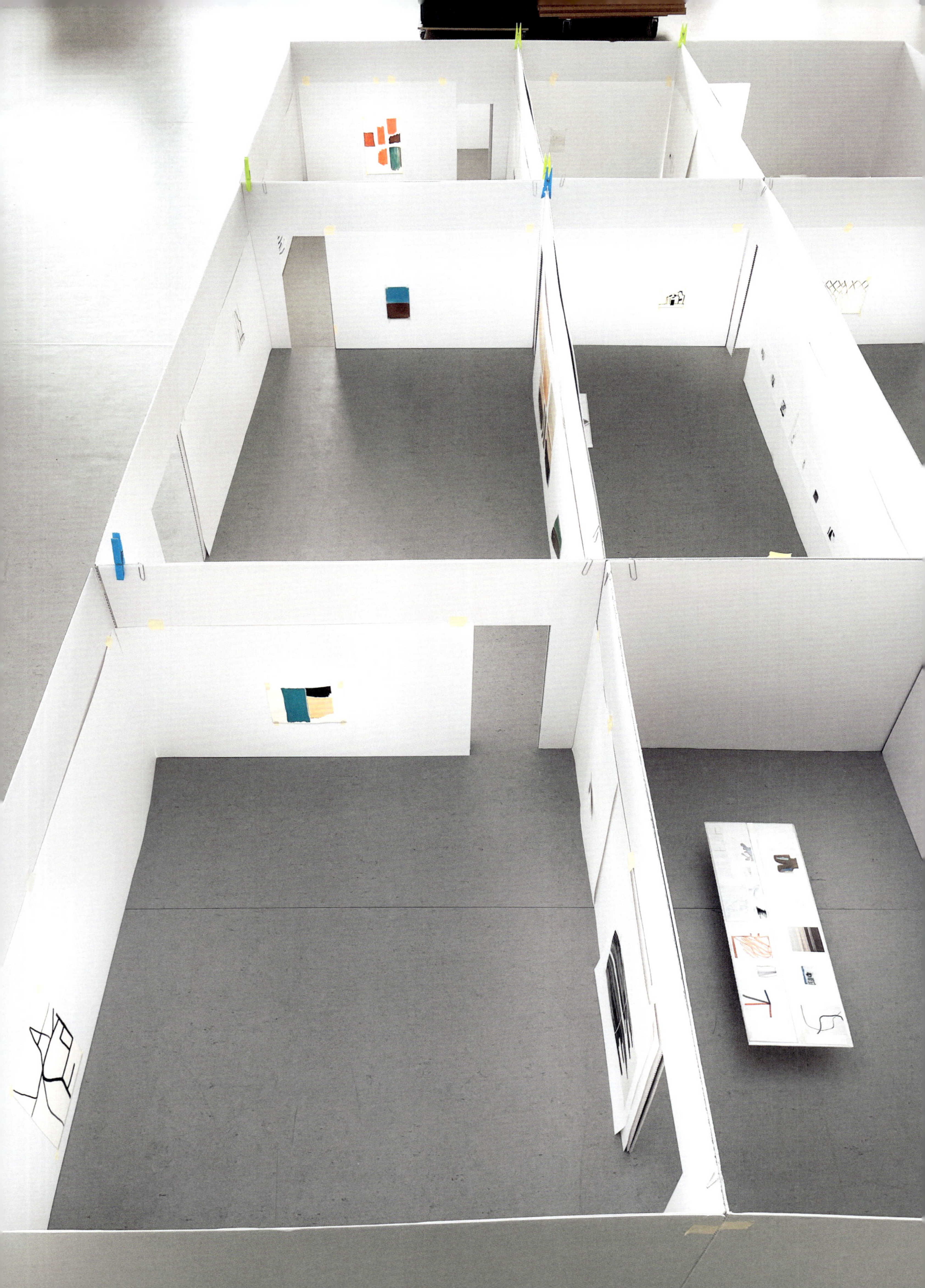

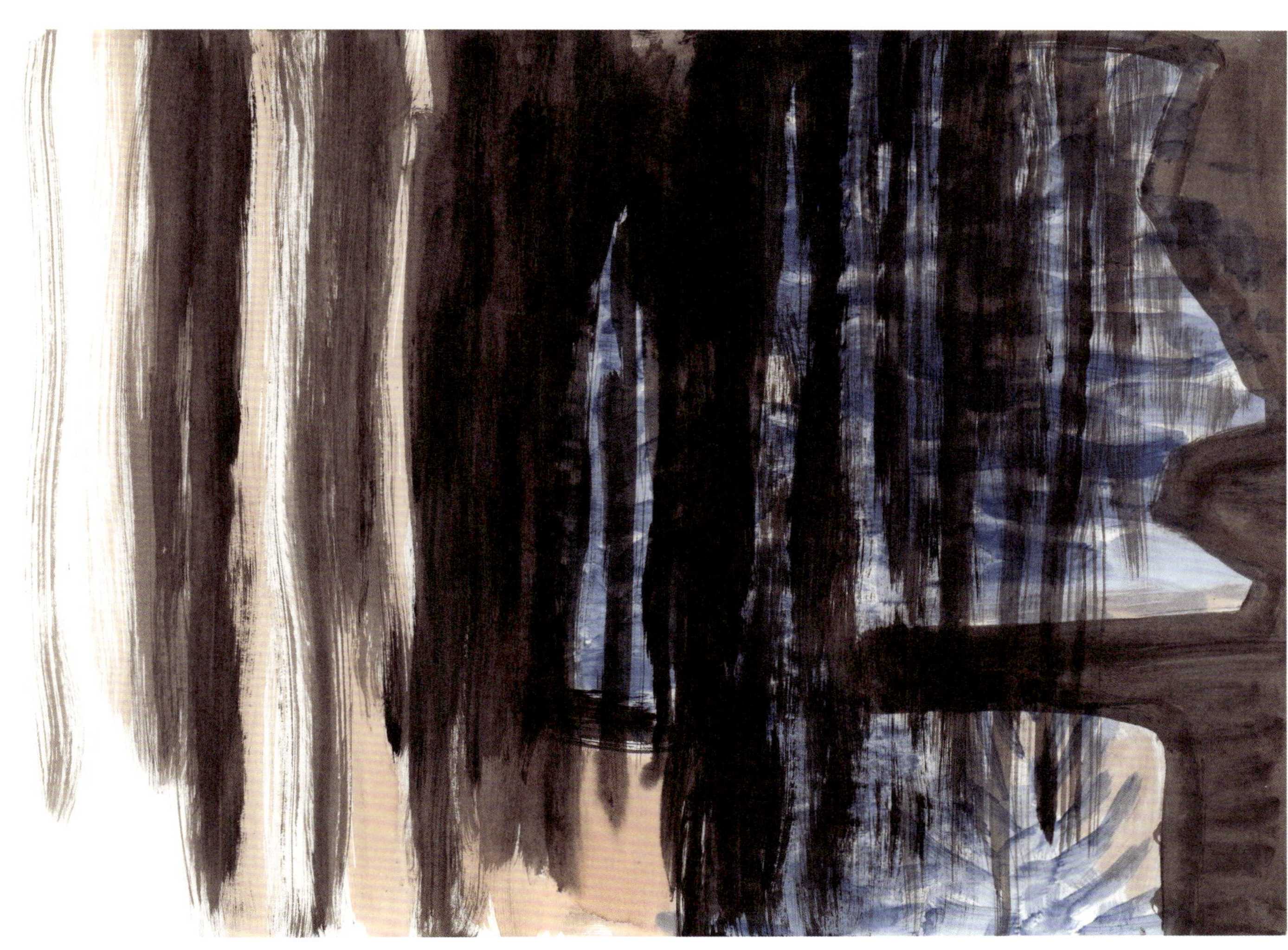

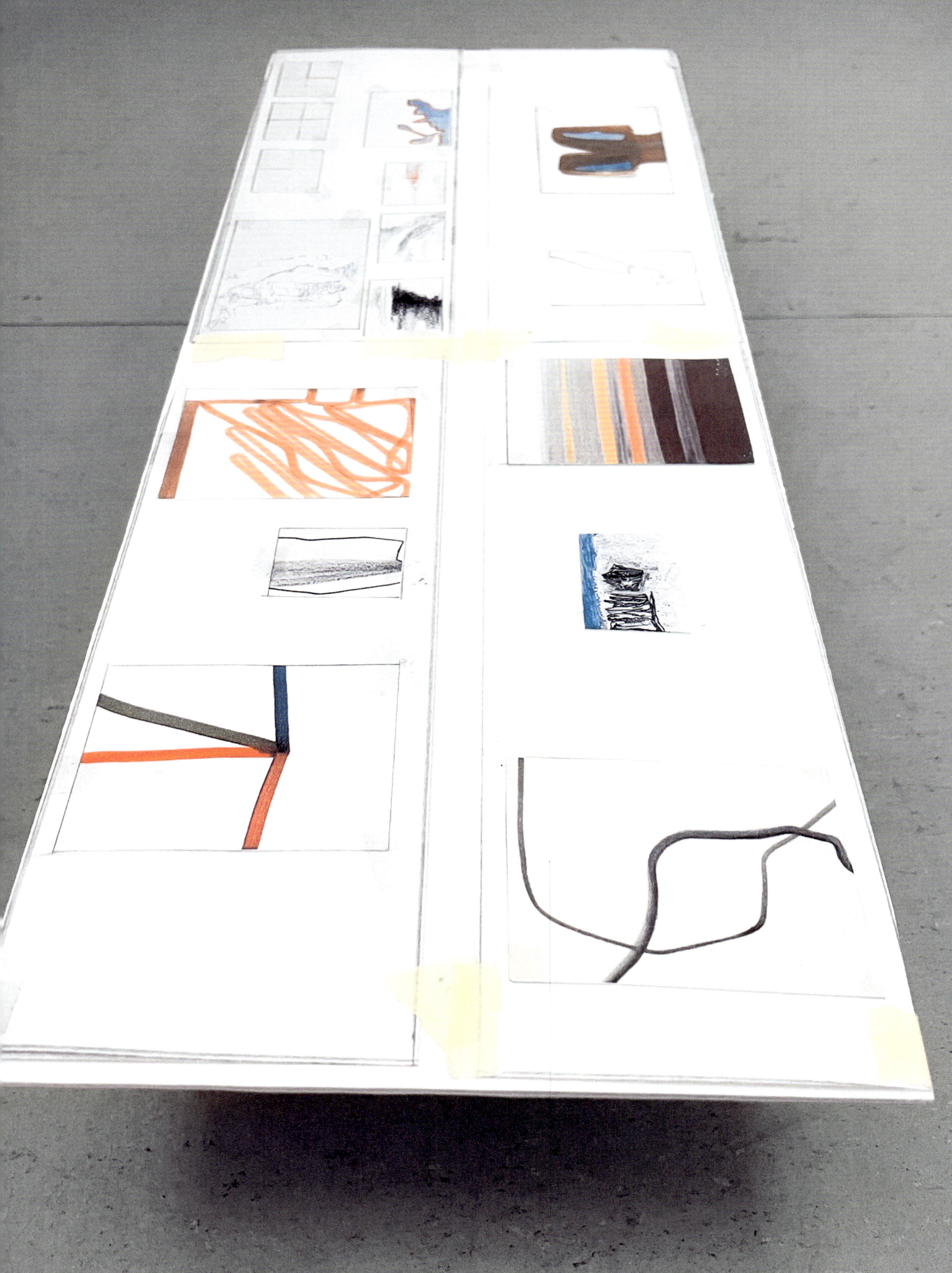

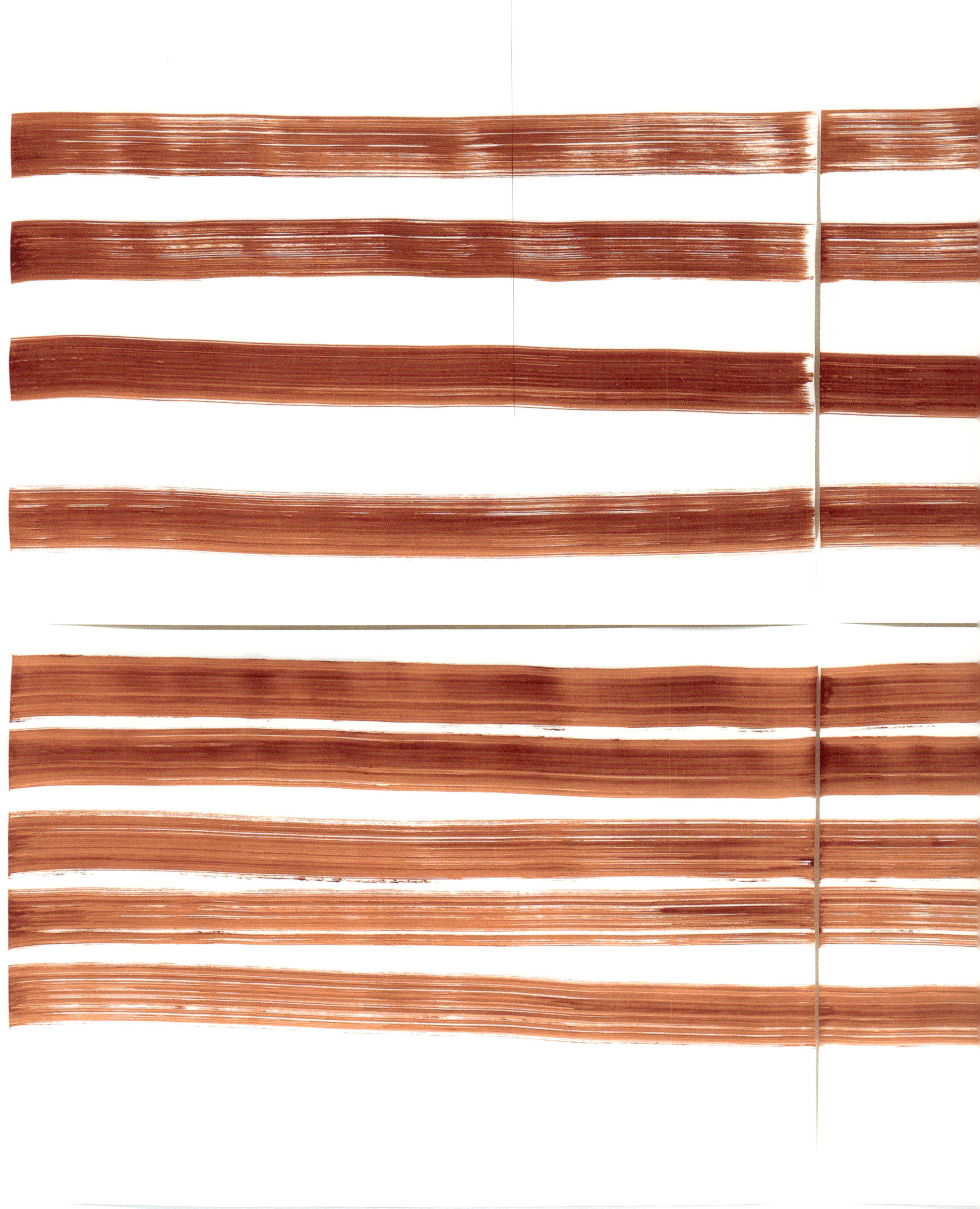

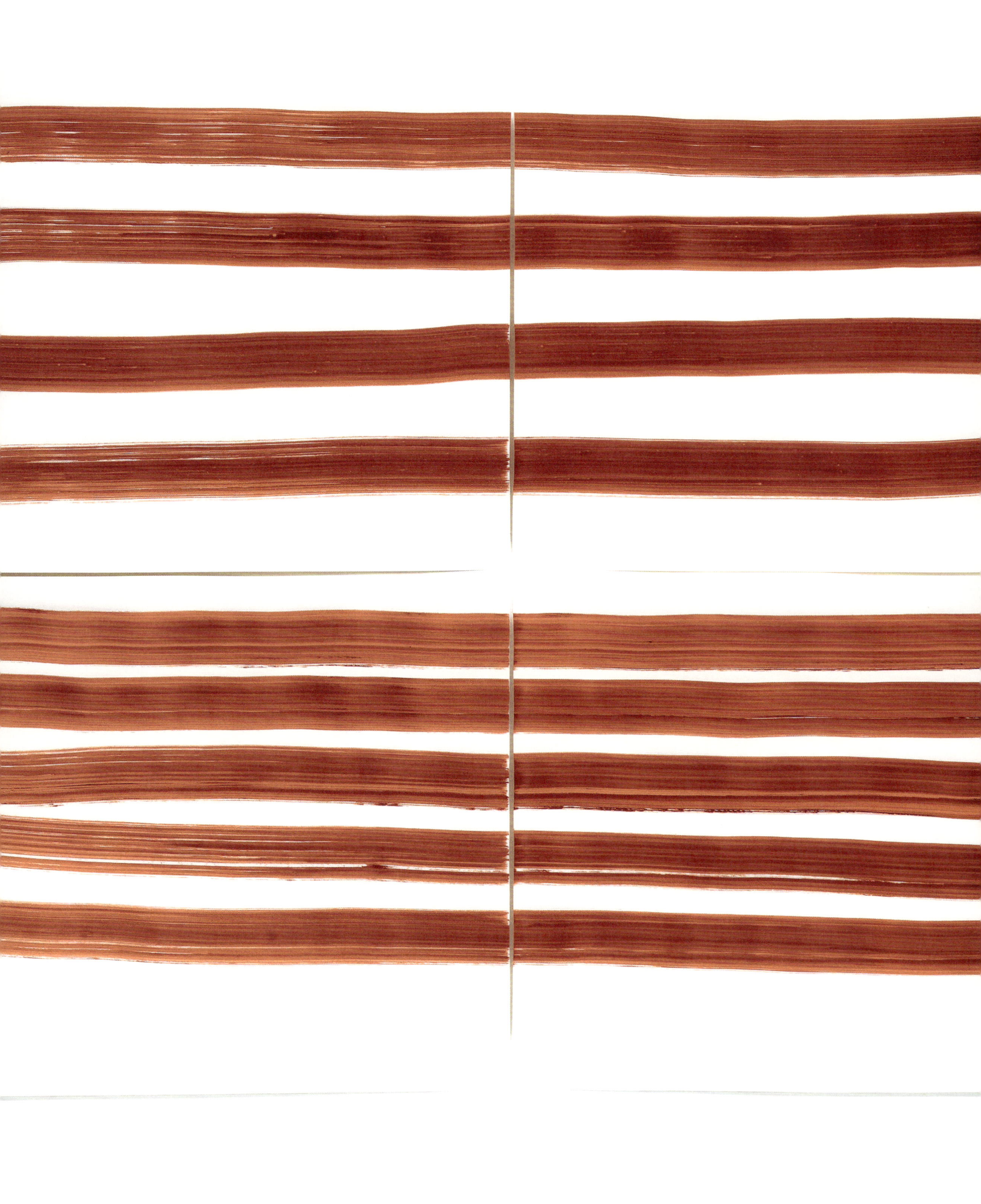

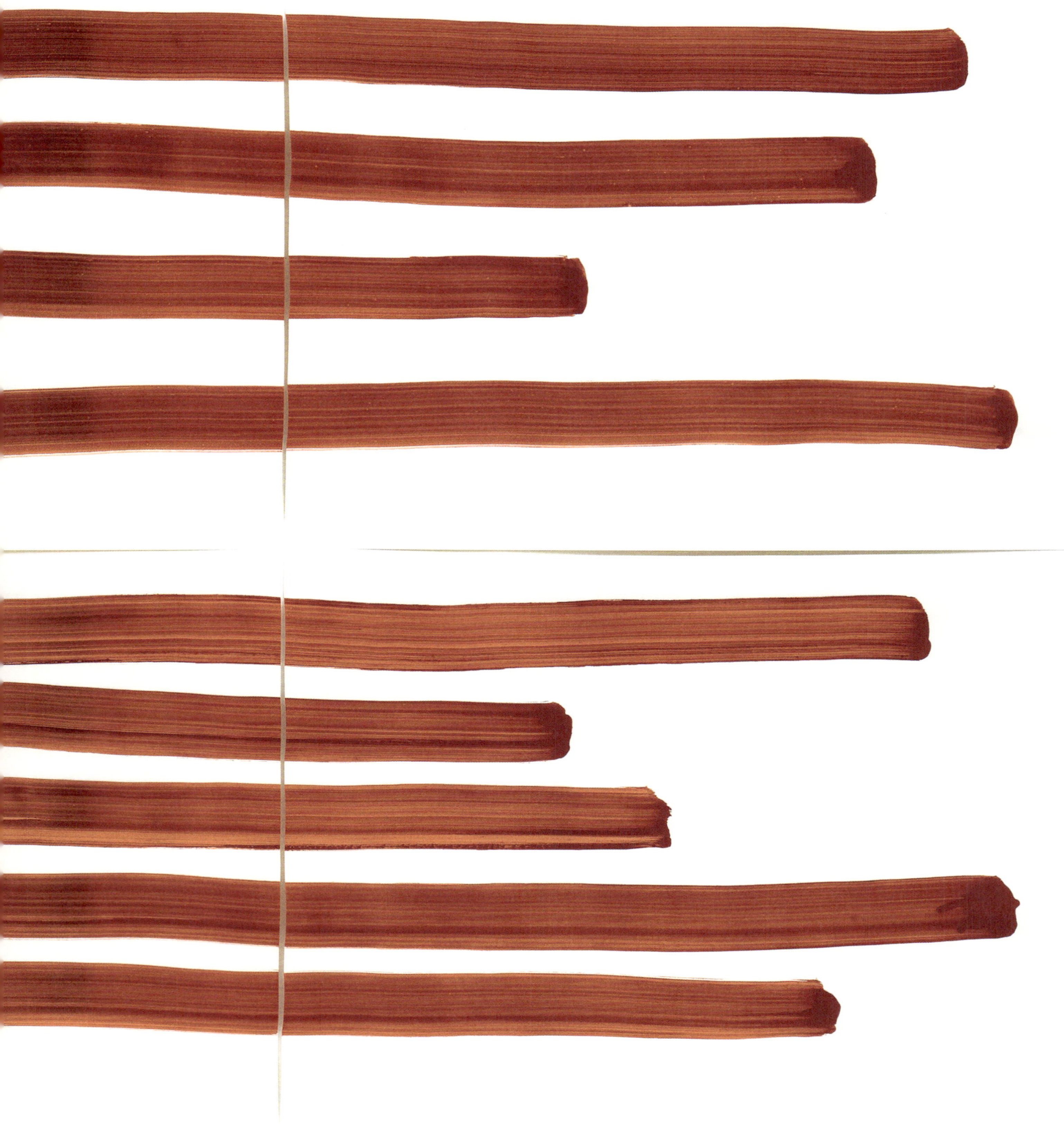

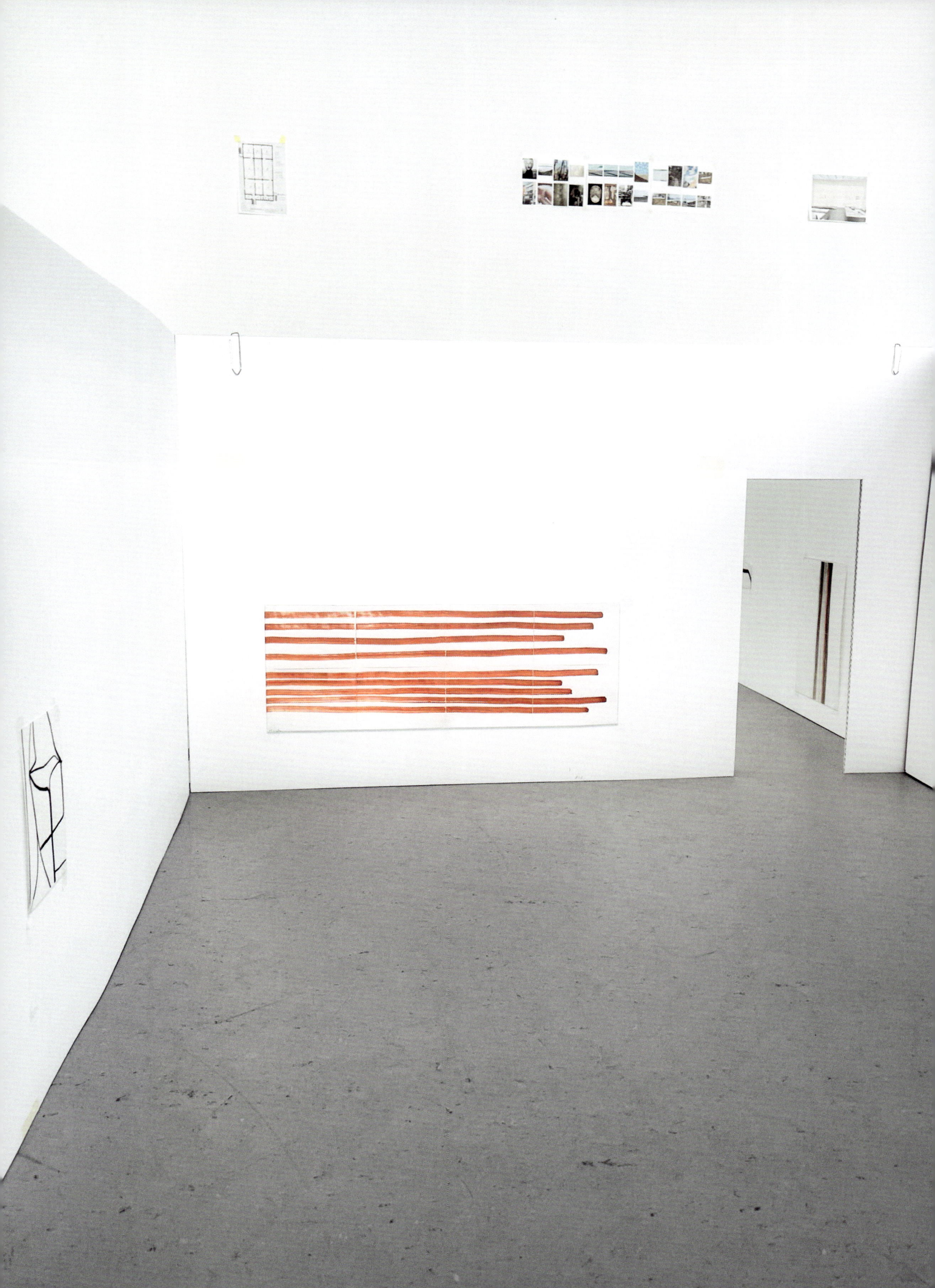

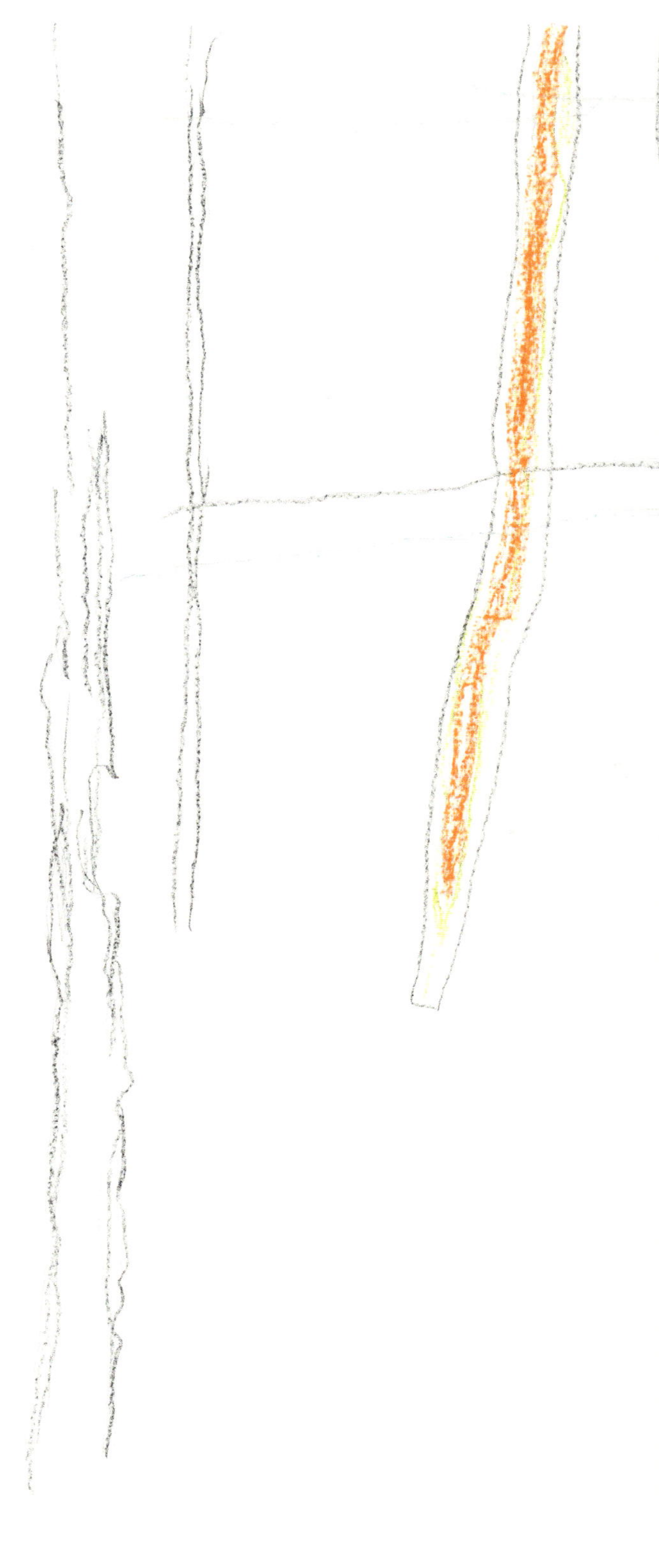

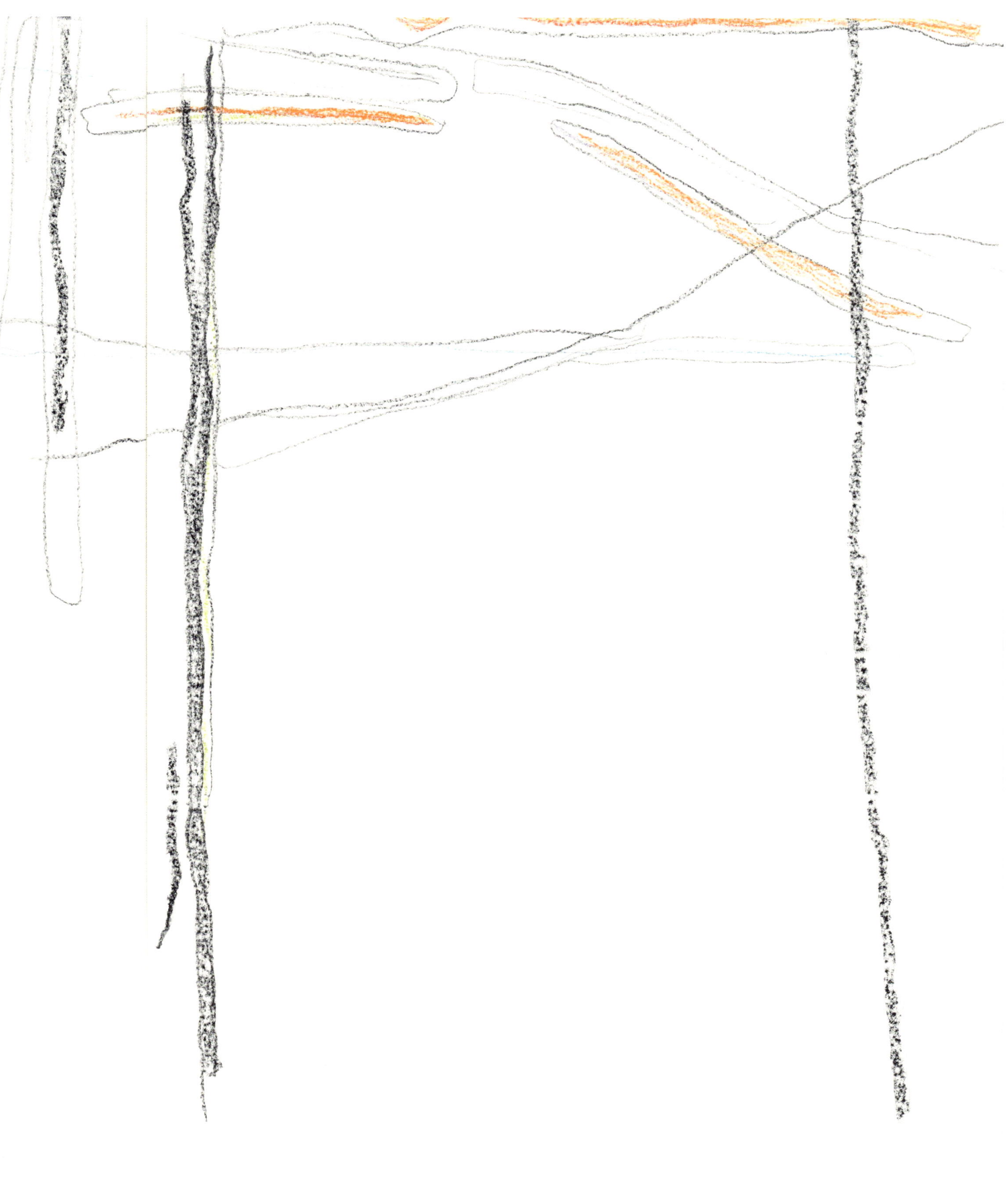

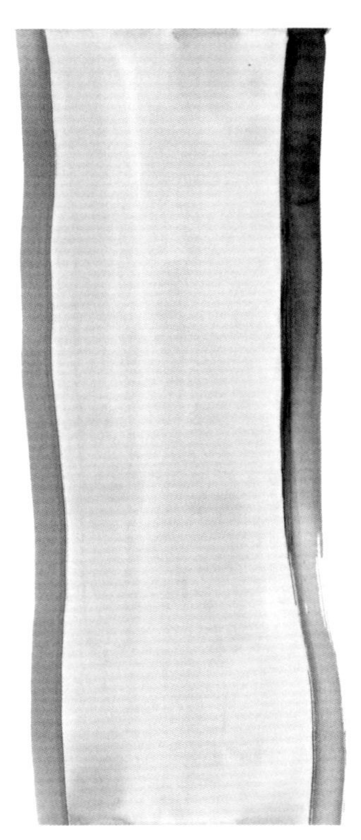

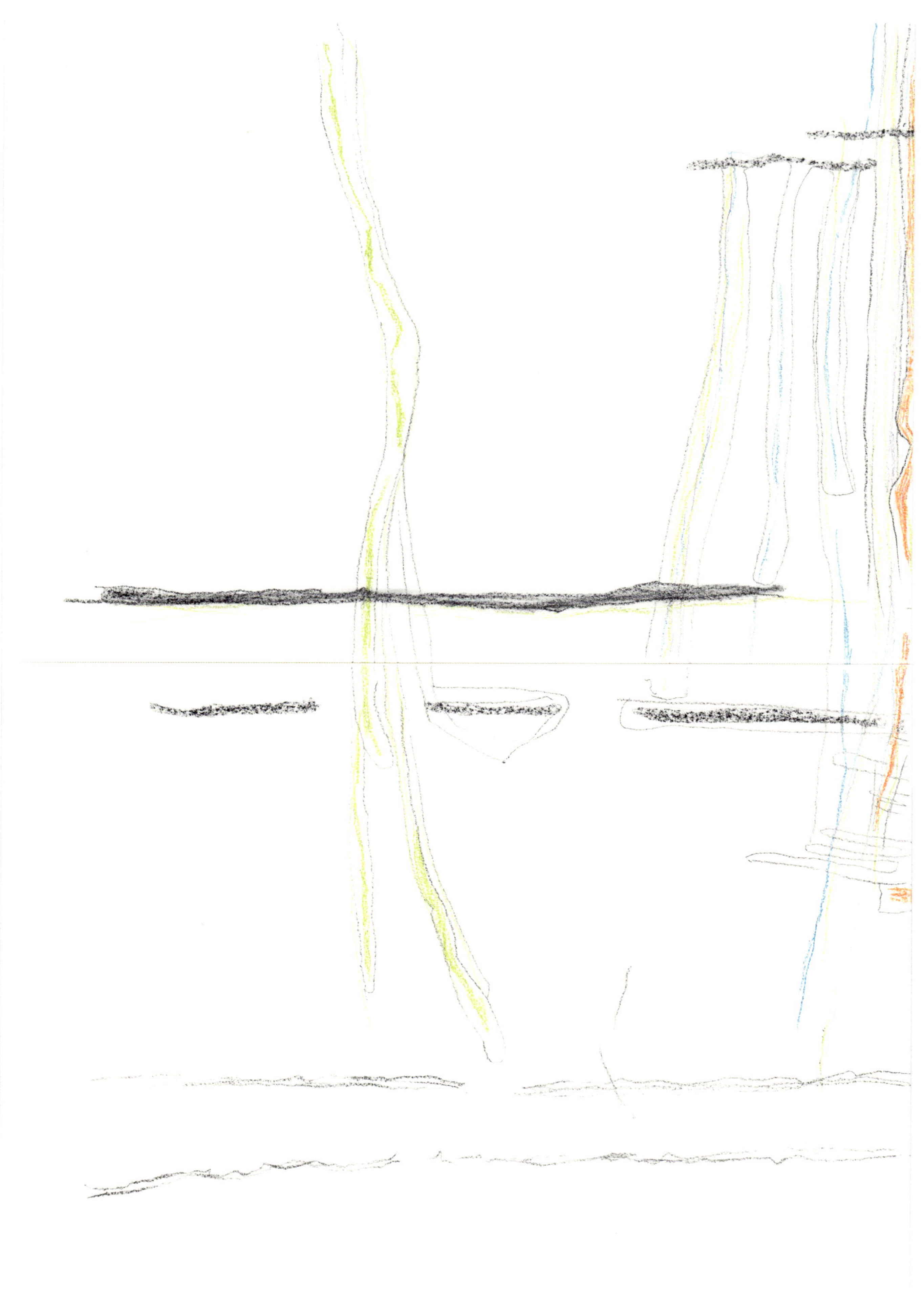

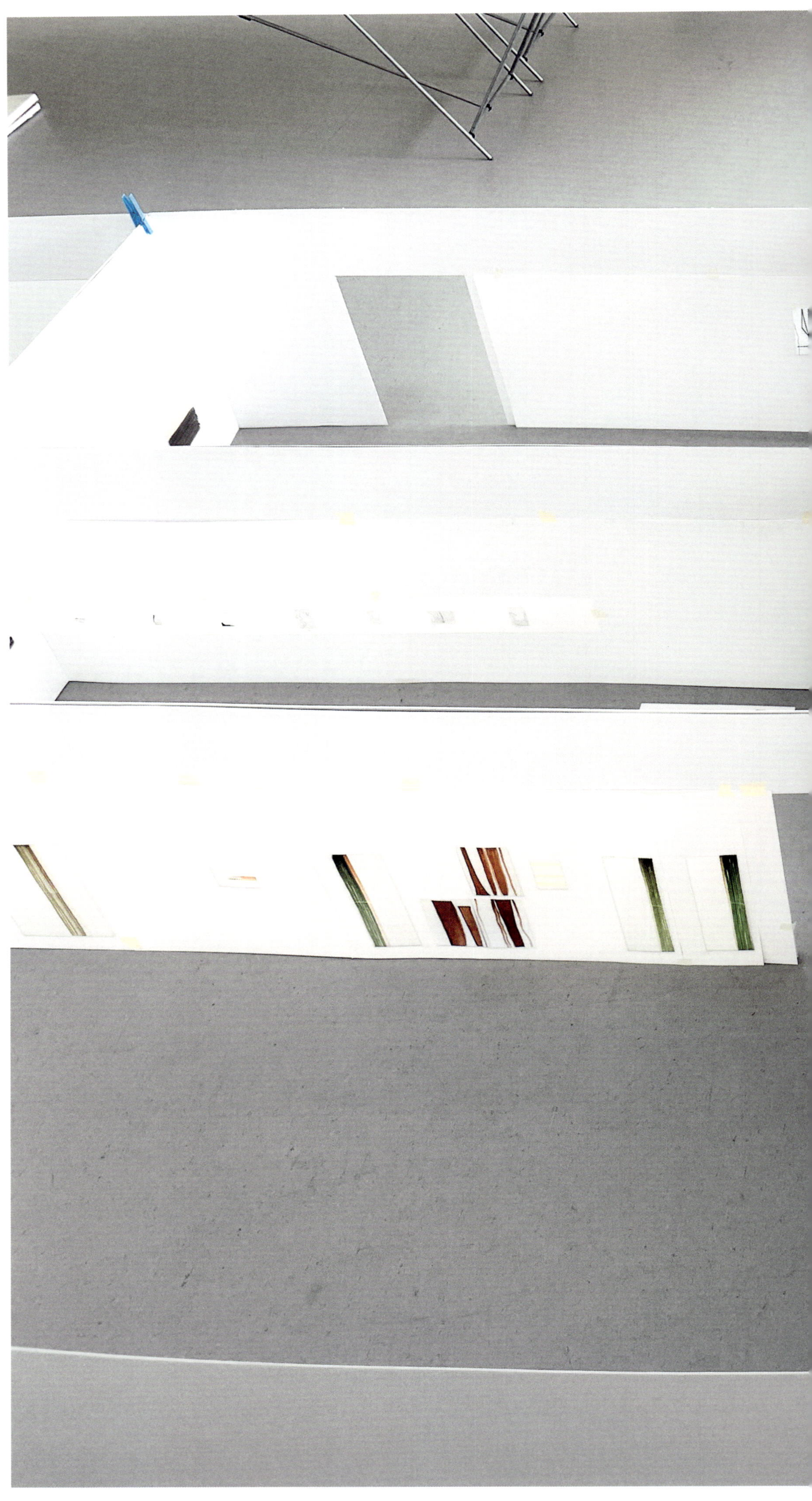

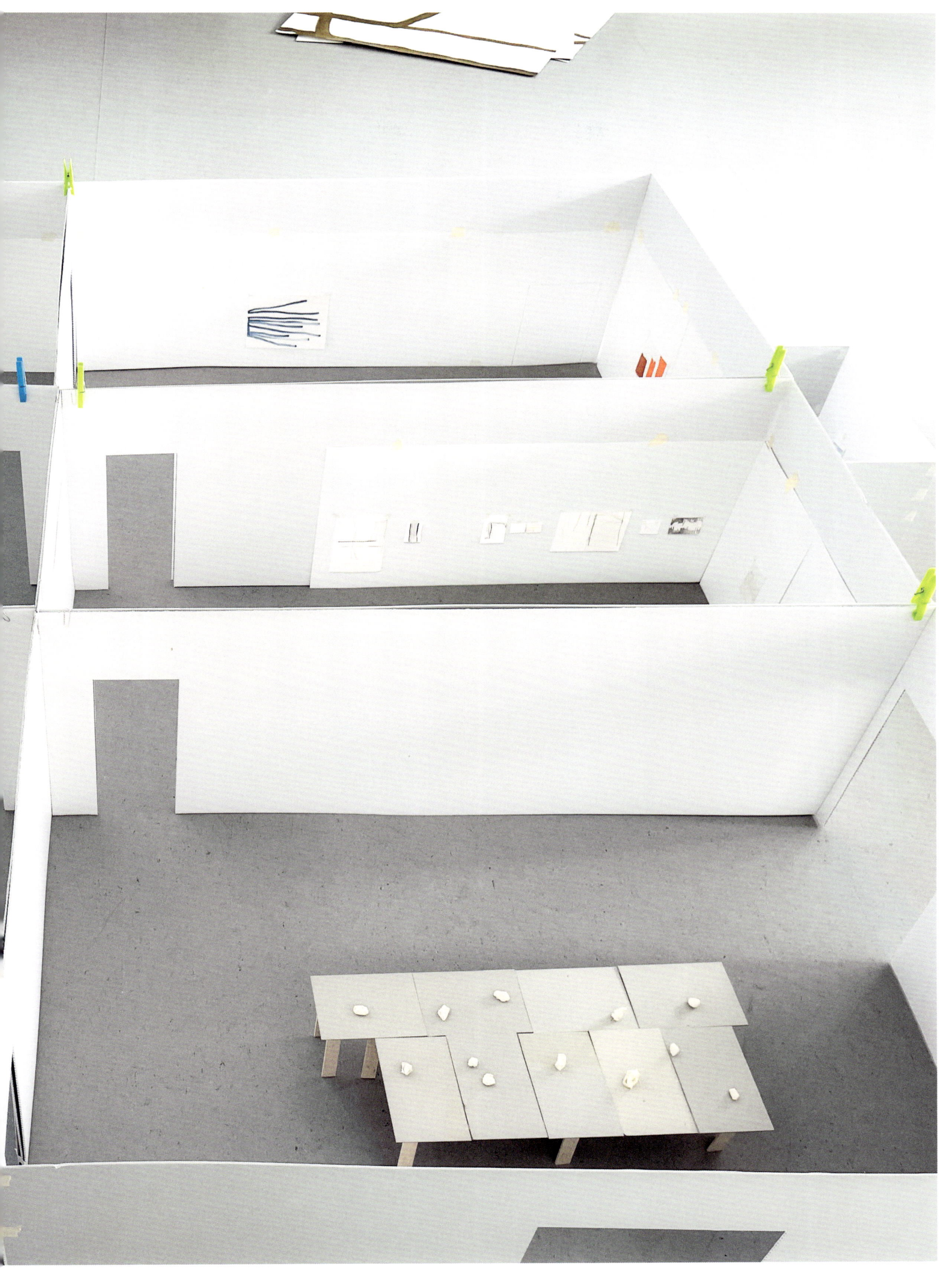

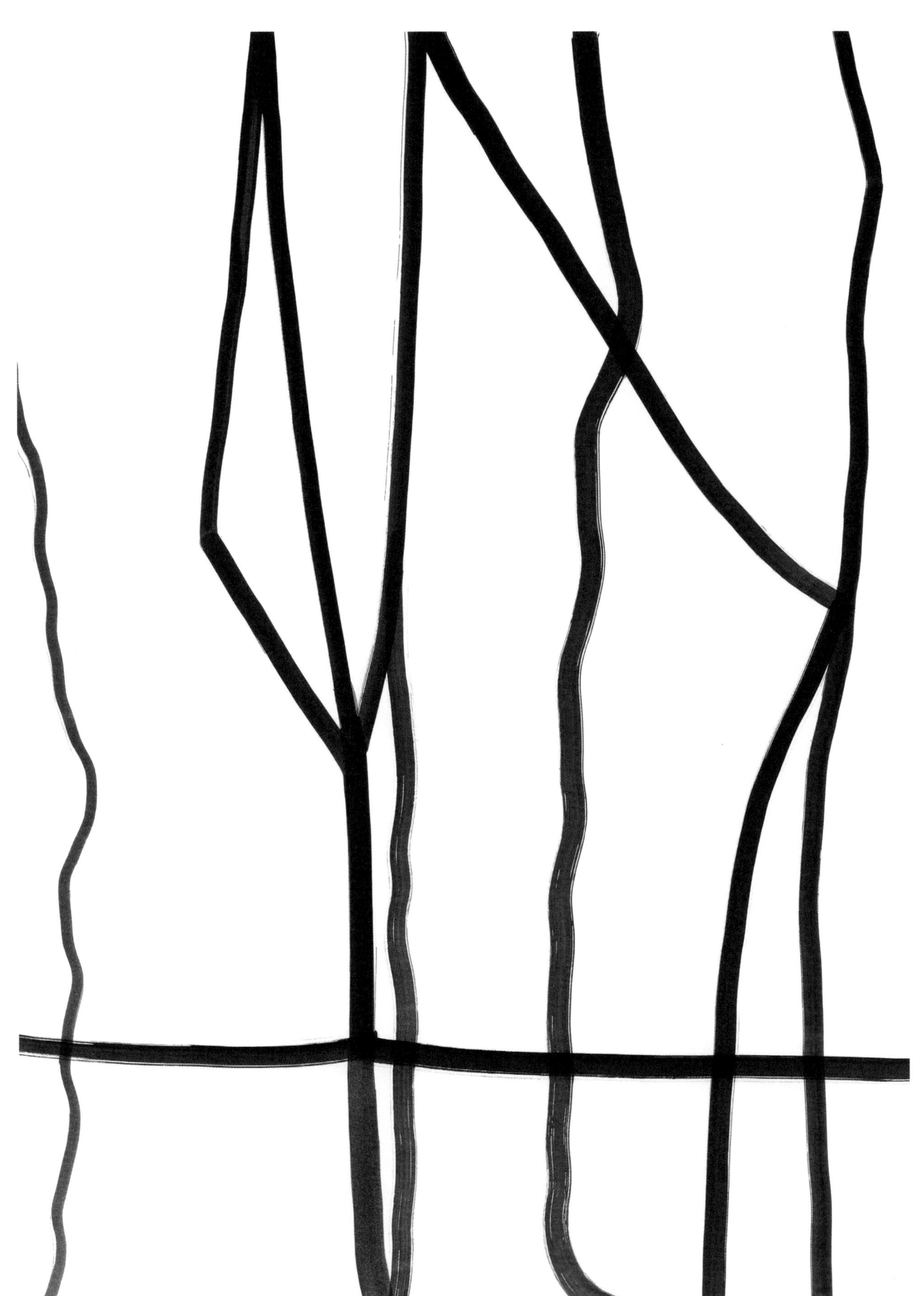

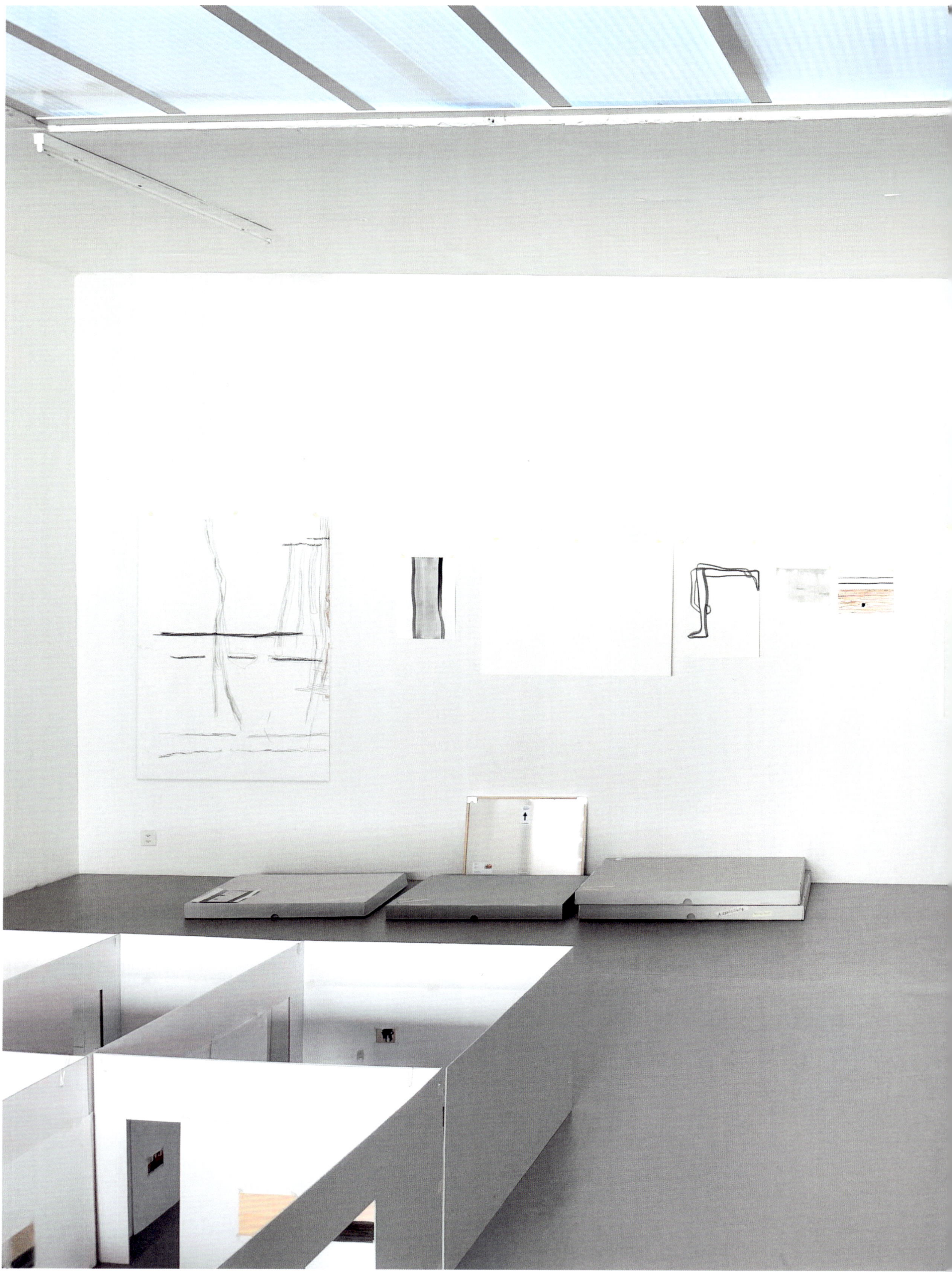

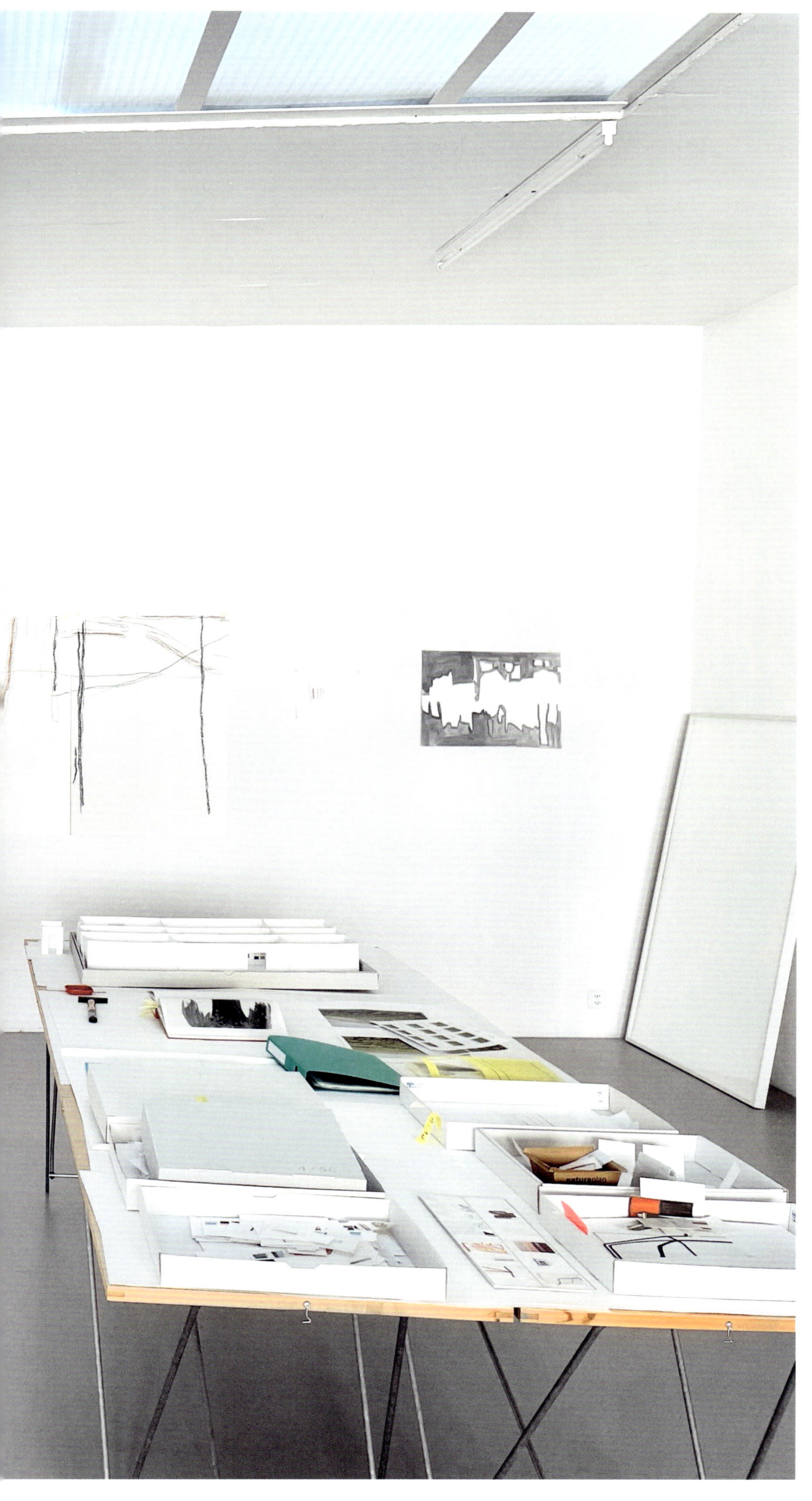

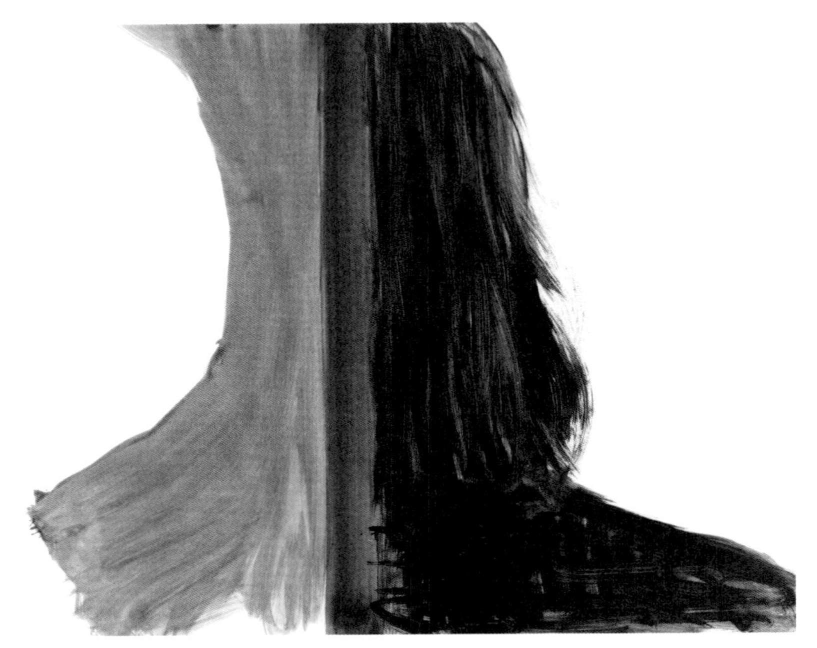

Silvia Bächli

*1956 in Baden, lebt/lives in Basel, Baulmes und/and Paris

Ausstellungen in Museen und Institutionen/ Exhibitions in museums and institutions 1983–2024, (group +)

2024 *Dass eins zum andern wurde. Welches welches ist?,* Kunst Museum Winterthur; *Partitura,* Centro Botin, Santander.
2023 Museum Langmatt, Baden; *ADAA, The Art Show,* New York, Peter Freeman Inc. New York.
2022 *Lange Linien lang,* Weserburg, Museum für moderne Kunst Bremen; *Aligned,* mit Michael Anastassiades, Andreas Murkudis, Berlin.
2021 *Warum ist nicht schon alles verschwunden?,* Kunstmuseum Bochum +; *Side facing the wind,* Fidelidade Arte Lissabon und Culturgest Porto; *Le printemps de septembre,* Festival d'art contemporain, Toulouse +; La BF15 Lyon.
2019 *Resonating Spaces,* Fondation Beyeler, Riehen/ Basel +; *shift,* Staatliche Kunsthalle Karlsruhe.
2018 *To have a shelf live,* Silvia Bächli/Eric Hattan, *ArtParcours* ArtBasel +; *Arts lointains si proche,* Musée Barbier-Mueller, Genève; *Basel Short Stories. Von Erasmus bis Iris von Roten,* Kunstmuseum Basel (Raum Maria Sibylla Merian) +.
2017 *Situer la difference,* Centre culturel suisse, Paris.
2016 *Das Lineal der Gerechtigkeit,* Kunstverein Heidelberg +; *Très trait,* Fondation Vincent van Gogh, Arles +.
2015 *Ueberzeichnen,* Kunsthaus Baselland, Muttenz +; *Weiter.wird.Les abords,* Frac Franche-Comté, Besançon; *Drawing Now,* Albertina Wien +.
2014 *Brombeeren,* Staatliche Graphische Sammlung, Pinakothek der Moderne, München.
2013 *Sin motivo aparente,* Centro de Arte Dos de Mayo, Madrid +; *What About Sunday,* MK Gallery Milton Keynes; *Une brève histoire des lignes,* Centre Pompidou Metz +.
2012 *far apart – close together,* Kunstmuseum St.Gallen.
2011 *Horizont Schweiz,* Kunstmuseum Liechtenstein, Vaduz +; *MMK 1991–2011,* Museum für Moderne Kunst, Frankfurt a.M. +; *Schnee bis im Mai,* Kunsthalle Nürnberg.
2010 *Je mehr ich zeichne,* Museum für Gegenwartskunst, Siegen +.
2009 *das(to Inger Christensen),* 53. Biennale di Venezia, Schweizer Pavillion.
2007 *Nuit et jour,* Galerie d'art graphique, Centre Pompidou, Paris; *Studio,* Museu de Arte Contemporanea Serralves, Porto.
2006 *Le mouvement des images,* Centre Pompidou Paris +; *Poèmes sans prénoms,* MAMCO, Genève; Nordiska Akvarellmuseet, Skärhamn.
2005 Linien, Museum zu Allerheiligen Schaffhausen.
2004 Kunstraum Baden.
2003 Kunstforum Baloise, Basel.
2002 Musée d'art moderne et contemporain de Strasbourg.
2000 Kasseler Kunstverein, Kassel.
1999 Städtische Galerie Wolfsburg.
1997 Kunstmuseum Bonn +.
1996 Kunsthalle Bern.
1994 Centre d'art contemporain, Genève.
1993 *über-leben,* Bonner Kunstverein, Bonn +; Kabinett für aktuelle Kunst, Bremerhaven.
1992 Museum für Gegenwartskunst, Basel.
1991 Aargauer Kunsthaus, Aarau.
1987 Kunsthalle Basel.
1985 *zusehen,* Lothringerstr. 13, München +; ASK Luzern +;
1984 Das subjektive Museum, Basel +.
1983 Filiale Basel.

www.silviabaechli.ch

Galerien / Galleries

Raffaella Cortese, Milano
www.raffaellacortese.com
Peter Freeman Inc. New York
www.peterfreemaninc.com
Barbara Gross, München
www.barbaragross.de
Maisterravalbuena, Madrid
www.maisterravalbuena.com
Skopia, Genève
www.skopia.ch

Abbildungen / Illustrations

Cover Vorderseite / front Ohne Titel / Untitled, 2021, Bleistift und Gouache auf Papier / pencil and gouache on paper, 204 × 144 cm, 4-teilig / 4 parts [sb2021_032].

Seite / page 5, 18, 21–23, 31, 40–41, 60–61, 64–65, 71, 76–77, 80–81 Modell Kunst Museum Winterthur, Massstab 1:10 / model Kunst Museum Winterthur, scale 1:10.

p 6, 9, 10–11 *Draht / Wire*, 2024, 11 Fotografien / 11 photographs, je / each 20,4 × 27,2 cm.

p 12 Ohne Titel / Untitled, 1998, Oelpastell auf Papier / oil pastel on paper, 14,8 × 21 cm, aus / from *Lidschlag – How it Looks* [sb1998_017].

p 24 Ohne Titel / Untitled, 2021, Gouache auf Papier / gouache on paper, 204 × 144 cm, 4-teilig / 4 parts, [sb2021_076].

p 27 Ohne Titel / Untitled, 2018, Gouache auf Papier / gouache on paper, 44 × 62 cm, [sb2018_200].

p 28–29 *verbrannt, 2023,* Gouache auf Papier / gouache on paper, 144 × 204 cm, 4-teilig / 4 parts, [sb2023_009].

p 32–33 Ohne Titel / Untitled, (Rhomb), 2015, Gouache auf Papier / gouache on paper, 100 × 150,6 cm, [sb2015_004]. Privatsammlung Schweiz / private collection Switzerland.

p 34 Ohne Titel / Untitled, 2021, Gouache und Bleistift auf Papier / gouache and pencil on paper, 30 × 22,5 cm, [sb2021_121].

p 35 Ohne Titel / Untitled, 2020, Gouache auf Papier / gouache on paper, 44 × 62 cm, [sb2020_096].

p 36–37 *Farbfeld*, 2023, Gouache auf Papier / gouache on paper, 102 × 144 cm 2-teilig / 2 parts, [sb2023_007], Privatsammlung Schweiz / private collection Switzerland.

p 38–39 *Farbfeld*, 2022, Gouache auf Papier / gouache on paper, 102 × 144 cm, 2-teilig / 2 parts, [sb2022_096].

p 43 Ohne Titel / Untitled, 2023, Gouache auf Papier / gouache on paper, 102 × 144 cm, 2-teilig / 2 parts, [sb2023_033].

p 44–45 5 Gipsskulpturen, bemalt mit Gouache / 5 plaster sculptures, painted with gouache, 2021, Galleria Raffaella Cortese, Milano: *cinque*, h 20 cm, Fondazione Fiera Milano; *sei*, h 11,5 cm, Privatsammlung Schweiz / private collection Switzerland; *sette*, h 7 cm, Sammlung Ricola / Collection Ricola; *nove*, h 16,5 cm; otto, h 17 cm, Privatsammlung / private collection.

p 47 Gouache auf Papier / gouache on paper, 2022, 144 × 102 cm, 2-teilig / 2 parts, [sb2022_097].

p 48–49 *Blaue Bänder*, 2020, Gouache und Bleistift auf Papier / gouache and pencil on paper, 144 × 204 cm, 4-teilig / 4 parts, [sb2020_129], Privatsammlung / private collection Karlsruhe.

p 50–51 *Farbfeld*, 2022, Gouache auf Papier / gouache on paper, 102 × 144 cm, 2-teilig / 2 parts, [sb2022_089], Privatsammlung, Italien / private collection, Italy.

p 53 *Mantel Nr.1*, 2017, Gouache auf Papier / gouache on paper, 204,4 × 144,4 cm, 4-teilig / 4 parts, [sb2017_080], Privatsammlung / private collection.

p 54 Ohne Titel / Untitled, 2021, Oelpastell auf Papier / oil pastel on paper, 30 × 22,5 cm, [sb2021_080].

p 55 Ohne Titel / Untitled, 2018, Gouache auf Papier / gouache on paper, 120 × 80 cm, 2-teilig / 2 parts, [sb2018_191]

p 57 Mantel Nr.10, 2027, Gouache auf Papier / gouache on paper, 204,4 × 144,4 cm, 4-teilig / 4 parts, [sb2017_088].

p 59 Farbfeld, 2022, Gouache auf Papier / gouache on paper, 102 × 72 cm, [sb2022_102].

p 65 Ohne Titel / Untitled, 2020, Gouache auf Papier / gouache on paper, 44 × 62 cm, [sb2020_224].

p 66 Tisch mit 16 Zeichnungen / Table with 16 drawings, 2020/2021, 160 × 400 cm Modell / fotomodel photography.

p 68 *Lange rote Linien*, 2022, Gouache auf Papier / gouache on paper, 144,5 × 410 cm, 8-teilig / 8 parts, [sb2022_002], Kunst Museum Winterthur.

p 72–73 Ohne Titel / Untitled, 2023, Oelpastell auf Papier / oil pastel on paper, 102 × 144 cm, 2-teilig / 2 parts, [sb2023_039].

p 74 Ohne Titel / Untitled, 2024, Gouache auf Papier / gouache on paper, 44 × 31 cm, [sb2024_010].

p 75 Ohne Titel / Untitled, 2023, Oelpastell auf Papier / oil pastel on paper, 144 × 102 cm, 2-teilig / 2 parts, [sb2023_038].

p 79 Ohne Titel / Untitled, 2020, Gouache auf Papier / gouache on paper, 102 × 72 cm, [sb2020_092].

p 82 Ohne Titel / Untitled, 1995, Gouache auf Papier / gouache on paper, 35 × 50 cm, aus / from *Lidschlag – How it Looks*, [sb1995_015].

Cover Rückseite / back Ohne Titel / Untitled, 1984, Acryl / acrylics 49,5 × 75,5 cm, [sb1984_105], Privatsammlung Schweiz / private collection Switzerland.

Dank / Epilogue

Dass eins zum anderen wurde. Welches welches ist? Die kurze Textzeile aus Elizabeth Bishops *Gedicht* hat Silvia Bächli ihrer Einzelausstellung im Kunst Museum Winterthur als Titel vorangestellt. Wie eins zum andern wurde zeigt die Präsentation, die einen umfassenden Einblick in zahlreiche Aspekte von Silvia Bächlis Schaffens von den frühen Zeichnungen bis 2003 gewährt, zusammengefasst in der Werkreihe *Lidschlag,* bis zu aktuellen Arbeiten und Werkensembles, von den eher linear angelegten Schwarz-Weiss-Blättern bis zu den farbigen, beinahe monochromen Zeichnungsfeldern der letzten Jahre. Dazu gesellen sich neu kleinformatige Skulpturen und eine neue Fotoarbeit, die weniger vertraute, gar überraschende Aspekte ihres Œuvres erschliessen.

Das Kunst Museum Winterthur verfügt über eine erlesene Sammlung zur zeitgenössischen Zeichnung. Diese Tradition bildete den Ausgangspunkt für die Einladung an Silvia Bächli. Zugleich führt das Museum seine Reihe zu bedeutenden Künstlerinnen wie Isa Genzken, Katinka Bock, Karin Sander, Thea Djordjadze und Sylvie Fleury konsequent fort.

Für ihr grossartiges Engagement danken wir an erster Stelle Silvia Bächli. In unseren Dank einschliessen möchten wir ihren Partner Eric Hattan. Ein weiterer Dank geht an die Grafikerin Anne Hoffmann für die kongeniale Umsetzung der Publikation, die als eine Art Skizzenheft zur Ausstellung konzipiert wurde. Danken möchten wir zudem Serge Hasenböhler für die Reproaufnahmen und die Bildbearbeitung der Modellfotografien und Philipp Mohler für die Rahmungen. Ein besonderer Dank geht an Raffaella Cortese, Nicla Calegari, Katie Rashid, Peter Freeman, Belen Valbuena und Pedro Maisterra sowie an die zahlreichen Leihgeberinnen und Leihgeber der Ausstellung. Und, last but not least, geht unser abschliessender Dank an die zahlreichen Stiftungen und Förderstellen, die das Projekt mit grosszügigen Zuschüssen ermöglicht haben.

Konrad Bitterli und David Schmidhauser
Kuratoren

They've Turned into Each Other. Which Is Which? Silvia Bächli has chosen this short line from Elizabeth Bishop's *Poem* as the title of her solo exhibition at the Kunst Museum Winterthur. The presentation demonstrates how Bächli's works turn into each other, providing comprehensive insight into numerous aspects of the artist's oeuvre, from her early drawings, which are summarized through 2003 in the series *Lidschlag* (Blink of an Eye), to her current works and ensembles of the past years that range from linear black-and-white sheets to colorful, practically monochrome fields of drawing. In addition, new small-format sculptures and a new photographic work introduce less-known aspects of her work that may surprise visitors.

The Kunst Museum Winterthur has an exquisite collection of contemporary drawings. This tradition provided the impetus for our invitation to Silvia Bächli. The exhibition also represents a further installment in our series on significant female artists including Isa Genzken, Katinka Bock, Karin Sander, Thea Djordjadze, and Sylvie Fleury.

First and foremost, we would like to thank Silvia Bächli for her boundless commitment to this project. We would also like to extend our thanks to her partner, Eric Hattan. Graphic designer Anne Hoffmann deserves a big thank-you for her ingenious idea to design the publication as a kind of sketchbook of the exhibition. We are also grateful to Serge Hasenböhler for photographing and editing the images of the models, and to Philipp Mohler for the frames. A special thanks is due to Raffaella Cortese, Nicla Calegari, Katie Rashid, Peter Freeman, Belen Valbuena, and Pedro Maisterra, as well as to the numerous lenders. We are no less indebted to the numerous foundations and funding bodies that made this show possible with their generous support.

Konrad Bitterli and David Schmidhauser
Curators

Impressum / Colophon

Die Publikation erscheint aus Anlass der Ausstellung /
This book is published on the occasion of the exhibition
Silvia Bächli. Dass eins zum anderen wurde. Welches welches ist? / Silvia Bächli: They've Turned into Each Other. Which Is Which?

Kunst Museum Winterthur
25. Mai – 18. August 2024 / May 25 – August 18, 2024

Gedicht/ Poem aus:
Elizabeth Bishop. *Gedichte/Poems.* Zweisprachige Ausgabe/ two-language edition. Aus dem Englischen von/ from the English by Steffen Popp

Publikation
Herausgeber / Editor:
Konrad Bitterli, Kunst Museum Winterthur
Lektorat / Copyediting:
David Schmidhauser, Harry Joelson-Strohbach
Übersetzungen / Translations: Tas Skorupa, New York
Konzept / Design: Silvia Bächli, Anne Hoffmann
Modell / Model, Modellaufnahmen und Fotos Draht / Model photography and wire images: Silvia Bächli
Fotografien der Werke und Bildbearbeitung / photos and image processing: Serge Hasenböhler, Basel
Fotografie der Gipsskulpturen Seite 44 / photo of the plaster sculptures page 44: Lorenzo Palmieri, Milano
Gestaltung / Graphic Design:
Anne Hoffmann Graphic Design, Zürich
Gesamtherstellung / Production:
Snoeck Verlagsgesellschaft,
Nievenheimer Str. 18, Köln
www.snoeck.de

ISBN 978-3-86442-436-6
Printed in Germany

Ausstellung / Exhibition
Kuratoren / Curators:
Konrad Bitterli, David Schmidhauser
Registrar / Registrars: Andreas Ehmann, Annina Pandiani
Technik / Installation: Pascal Stalder, Ivan Filaferro
Restaurierung / Restoration: Bea Lips, Natalie Prader
Fotografie / Photography: Serge Hasenböhler, Basel
Kommunikation und Marketing / Communication and marketing:
Eva Ruckstuhl / Melanie Staub
Kunstvermittlung / Art Education: Stefanie Bieri, Lucia Angela Cavegn, Tiziana Carraro, Timea Fleischmann, Eléonor de Pesters, Sonja Remensberger, Theres Schwarz-Steiner
Buchhaltung / Accounting: Rita Baur
Administration / Administration:
Rahel Brupacher, Markus Schmutz

Das Kunst Museum Winterthur wird institutionel gefördert von der Stadt Winterthur und dem Kanton Zürich / The Kunst Museum Winterthur receives funding from the city of Winterthur and the canton of Zurich.

Stadt Winterthur
Kanton Zürich
Fachstelle Kultur

Die Ausstellung wurde grosszügig unterstützt von / The exhibition was generously supported by

AARGAUER KURATORIUM
LANDIS & GYR STIFTUNG

Kunst Museum Winterthur
Museumstrasse 52
8400 Winterthur
Schweiz / Switzerland
www.kmw.ch